ASAHI SENSHO

朝日選書 947

嫌韓問題の解き方

ステレオタイプを排して韓国を考える

小倉紀蔵／大西 裕／樋口直人

朝日新聞出版

目次

図版製作 谷口正孝

嫌韓問題の解き方

ステレオタイプを排して韓国を考える

小倉紀蔵／大西 裕／樋口直人

はじめに

小倉紀蔵

この数年間の日本の書店というのは、一種不気味な場所であった。

二〇一四年や二〇一五年ごろには、書店にはいると、もっとも目立つところに、いわゆる嫌韓本がずらりと並んで置いてあった。ひとことでいうと、嫌な光景だ。本書の第3章でも語ったが、それら嫌韓本の下品なタイトルといったら、卒倒するほどであった。曰く、「悪韓論」「呆韓論」「犯韓論」「終韓論」……おぞましいかぎりだ。むしろ滑稽で吹き出しそうになりもする。

韓国人の旅行者が日本の書店に行くと当然、嫌韓本の陳列を見る。最初は不快な反応を示していた彼らだが、やがてその反応は、日本社会に対する冷笑と憐憫に変わった。嫌韓本はその知的レベルの低さによって、韓国人に優越感を与えた。

いつから日本社会はこれほど劣化してしまったのか。反知性主義ここにきわまれり、の感すらある。もちろん、それらの本を書いたり出版したり買って読んだりするのはまったくの自由である。しかしもっとも嘆かわしいのは、売れるからといってそれらの本のコーナーをつくったり平積みしたりしていた書店ではないだろうか。品性卑しい本屋は、長い目で見れば結局読者から見放されるのではないだろうか。

出版社のなかでも、河出書房新社のように、嫌韓本に対抗して選書フェアをやったような骨のある会社もあった。リベラル陣営に属する十九名の書き手が「今読むべき本」を推薦するかたちで二〇一四年五月に実施したフェア「今、この国を考える——『嫌』でもなく、『呆』でもなく——」である。ただ、このフェアの選書は韓国専門家が加わったものではなかったから、嫌韓本に対する直接的な対抗軸にはならなかった。嫌韓本の歪んだ韓国認識に対して、「どういう本を読めばもっとバランスのとれた韓国認識が得られるのか」という切り口から良書を提示する、という軸をつくることができなかった。

＊

本書の第1章で語ったことだが、反・嫌韓派の認識は、嫌韓派ときれいな対称関係にあって、それはそれで偏った韓国認識を示すことがままある。わたしたち韓国専門家から見ると、性急に嫌韓派を打倒しようとする反・嫌韓派も、事実や実態とは異なる「政治的に正しい」言説を振り回しているように感ずることが多い。逆にいえば、嫌韓派の認識でも正しいものはあるのだから、イデオロギーや感情にひきずられずに、冷静で客観的な認識を構築・摂取すべきなのである。

そもそも、嫌韓派も反・嫌韓派も、「認識の長さ」が短すぎる、とわたしには感じられる。認識の長さが短い、というのは、前提も文脈も体系もなしにいきなり、たとえば「韓国人は依存的だ」（嫌韓派）といったり、「韓国人は依存的だというのは間違っている」（反・嫌韓派）といったりするということだ。厳密な実証や解釈を経た上でそのような認識に到達するのならよいのだが、どうもそういう知的作業を経ているとは思えない政治的認識が、多すぎるように思える。命題があまりにもひとり歩きしすぎている。そしてその命題の絶対性にあまりにも固執しすぎている。

このことの理由には、おそらく、嫌韓も反・嫌韓も「運動」であるということがあるのであろう。「運動」の正しい目的のためには、自陣にとって不利な情報や認識は排除しなくてはならない、という意識が働くのであろう。不純物を排除したイデオロギー的認識の体系は、一見、純粋で美しい。しかしそれは実は「なにも語らない命題」つまりトートロジー（同語反復）なのではないだろうか。

わたしが、嫌韓本の並んだ書店を不気味に思うのは、そのためだ。つまり、ある対象に対する認識群から不純なものを除去し、純粋で平板でわかりやすいつるりとした認識群に還元して提示した書物が、日本語母語話者の嗜好をかなり刺戟したという事実に、不気味な感じを持つ。

ある対象を正邪や善悪などという価値づけで二項対立的に認識したいという欲望に対して、韓国という国家ないし社会が利用されている、という印象を持つのだ。

しかし実際の韓国という国家ないし社会はもちろん、複雑で多様な事態群の集まりである。この複雑で多様な韓国という事態群は、把握するのがきわめて困難な現象である。ある特定のイデオロギーや価値観から見て純粋な事態群のみを抽出し、不純な事態群を排除することからは、歪《いびつ》な韓国認識しか生まれないのは自明ではないだろうか。

＊

幸い、現在の日本のアカデミズムにおいては、この複雑かつ多様な韓国という事態群に対して、客観的で高度なレベルの分析が大量に蓄積されている。たとえば「現代韓国朝鮮学会」という学会における議論は、現代韓国の政治・外交・経済・社会などに関するかぎりもっとも高いレベルのものであると思われる。この学会の会員研究者たちによって、一般読者が容易に手に取ることができるすぐれた書籍が、すでにたくさん刊行されている。

今回、この本を企画したのは、嫌韓本によって歪められ純粋化されてしまった日本における韓国認識を、少しでもより不純化し、その複雑性と多様性を見据えた上で、韓国という対象をできるだけ冷静にじっくりと見つめてみよう、という意図による。対象は韓国だけでなく、日本で起きている排外主義的な動きや在日コリアンに関しても、できるだけ客観的なデータにもとづいたきちんとした議論をしたい、と考えた。

著者は大西裕、樋口直人とわたし（小倉紀蔵）である。

大西裕氏は、韓国の政治・行政から経済・社会までカバーする第一級の学者である。その最近刊の著書『先進国・韓国の憂鬱――少子高齢化、経済格差、グローバル化』（中公新書、二〇一四）はサントリー学芸賞を受賞したすぐれた本である。大西氏の議論は、複雑な現象を緻密で地道な実証を通して鋭く分析していき、最後には鮮やかな解を導き出すという性格のもので、安定感と独創性の双方に富んでいる。日本における韓国を対象とする社会科学のもっとも高い水準を体現しており、このことを、世界における韓国研究におけるもっとも高い水準を同時に示していると表現してもよいと思われる。今回、その到達点の一部を平易でわかりやすい日常語で語る、というかなりむずかしい作業をした。

樋口直人氏は社会学が専門の学者であって、在日外国人や「日本型排外主義」などに関する実証的な研究においてめざましい活躍をしている論客である。データにのっとって厳密に議論するそのスタイルは、学界において大きな信頼を獲得している。その研究分野にふさわしく、単に学問的な研究をするだけでなく社会に対する発言（たとえばヘイトスピーチをどう抑制していくか、など）も活発にしている。今回の論考では、在日コリアンの国籍問題に関して踏み込んだ提言をしたことが特に注目される。

わたし（小倉紀蔵）は専門が思想・文化であり、社会科学ではないので、大西氏、樋口氏に比べるとデータやエビデンスに基礎を置かない議論をする。実証的な分析ではなく、解釈に比重を置いている。したがってわたしの議論に説得力があるかどうかはわからない。しかし、現在の事象を説明するのに、過去との連続性・断絶性という観点から、本質主義を排しつついかに議論すればよいのか、というのがわたしの関心事であり、そのようなアプローチがあってもよいと思われる。

　このように、本書の著者はそれぞれだいぶ異なる傾向を持つ三人であるから、一書に名前を連ねるのは随分と異色に見えるかもしれない。専門も思想、政治学、社会学と異なるし、アプローチも思弁的なそれと実証的なそれとに分かれ、韓国に関する研究と日本の在日社会に関する研究という意味でも異なる。一見、共通点がなさそうにみえる三人だが、それぞれの立場から、巷に広がる根拠のない俗論を排してリアルな韓国像、ひいては日韓関係や在日韓国人の実像を浮かび上がらせたいと思う点で一致している。

I

韓国文化・思想、日韓問題 ―― 小倉紀蔵

第1章　韓国文化の特徴とその変容

1　変化する韓国

変化の速い国

韓国は変化の速度が速い社会だといわれる。

実際、皮膚感覚ではそのように感じる。「二〜三年韓国を離れて戻ると、もうまったく別の社会に変わってしまっている」というような韓国人の声を、よく聞く。

わたしもまた、韓国社会の変化の速さにとまどう。

たとえば最近では、韓国の老若男女ほとんどすべてが、現金をほとんど使わずにカードだけで生活しているのだという。カード一枚あれば、地下鉄にもバスにもタクシーにも乗れるし、コンビニや店で買い物もできるし、飲食店で食事もできる。小銭なんかはほとんど持っていない、という。

わたしはそんな変化にはついていけないたちなので、韓国に滞在するときは財布に小銭や紙幣を入れて使っているし、地下鉄に乗るときもいちいち「一回用交通カード」というのを買って乗っている。乗り終わるとどうもいくらかの金額が駅で返却されるらしいのだが、手続きがわからないのでそのままにしてある。だからわたしの財布には使用済みの一回用交通カードが何十枚も溜まってしまっている。それを見た学生たちは「何やってんだ、この人」という感じで笑う。

とにかく韓国社会は変化が速いが、老若男女がその変化に果敢にくっついていっている様子は驚きでもあるし涙ぐましくもある。日本でスマホが流行りはじめた頃には、ソウルの地下鉄車内ではすでに老若男女がほぼ全員スマホを持っていて大声で通話していた。日本の常識からすると暴力的といえるほど、社会の制度が突然変わったりするのだが、それでも柔軟にその変化についていく。

日欧米の変化を圧縮して達成

たとえばこの二十年間に、韓国社会でなにが起こったか。軍事的政治風土の希釈化、政権交代、落選運動、市民活動の活発化、外国人の増加およびそれに伴ういわゆる「多文化化」、新自由主義化、グローバル化、などなど。

たしかに韓国人は、社会システムを果敢に変革していくことに躊躇しないといえるだろう。

よくいわれる言葉として、「圧縮型の発展」というものがある。欧米が百年かかって達成した変化を、日本は圧縮して五十年で達成したが、韓国はさらにそれを圧縮して二十年で達成した、というような説明だ。百年－五十年－二十年というスパンは、社会のなにを対象として語っているのかによって年数が変わってくるので、数字自体に大きな意味はないが、大雑把にいってそのような圧縮型の発展が韓国で行われたことは事実だろう。しかしこの十年ほどは、単に欧米や日本の先行事例を圧縮して導入・定着させたというだけでなく、後述するように、これまでに世界のどこでも行っていない実験をしてもいるので、変革の効率性に陰りが見え始めているのも事実だ。それだけ韓国が先進国になり、領域によっては世界の最先端を走っているということだろう。

2　日本人の韓国認識の変化

韓国に対する知識の増加

二〇〇三年ごろから日本で始まった韓流ブームによって、韓国の文化や社会に関する知識は日本でも格段に増えたといえるだろう。それは大衆文化だけではない。韓国旅行をしたり、韓国の歴史ドラマを見たりすることによって、韓国の伝統文化や歴史などに関しても、日本人の知識はそれ以前に比べて格段に増えたということができるだろう。

一九九〇年代までは、東アジアという地域に対する漠然とした無関心が、まだ日本社会を覆っていたという印象をわたしは持っている。九〇年代半ばには、日本の大学で教えていて、朝鮮半島がどこにあるかがわからない学生が少なからずいた。中国の南のほうにあると認識していた学生すらいた。

それほどひどくはなくても、九〇年代までは、たとえば韓国文化と中国文化の違いを明確にイメージできない日本人はかなりいただろう。実はこれ（韓国文化と中国文化の違い）は、かなりむずかしい問題である。たとえば韓国儒教と中国儒教の違い、韓国仏教と中国仏教の違い、朝鮮王朝の統治文化と明・清のそれとの違いなどをきちんと認識するのは、かなり高度な学問的領域の問題なのである。しかし、もっと大雑把な問題、たとえば韓国語と中国語の違いや、韓国料理と中国料理の違いなどについては、この二十年間で実に多くの日本人が知識を蓄積したといえるのではないだろうか。

ただ、韓国文化に対する理解が増えるということは、韓国人の世界観に対する知識が増えることを意味しており、それが好感の方向に進む場合もあれば、逆に違和感の方向に進む場合もあるはずだ。

「嫌韓」の登場

日本において二〇〇五年ごろから顕在化した「嫌韓」という認識は、後者に分類されるものだ。日本人が韓国に対してさしたる知識を持たなかった時代にも、韓国に対する嫌悪感や差別意識は存在したが、それらはこの十年ほどのあいだに進行した嫌韓とは質的に異なるものであった。

嫌韓以前の韓国に対する否定的な意識は、主に①近代以降、日本社会に蓄積され、残存する韓国・朝鮮に対する差別的な蔑視意識、②在日朝鮮人などとのあいだの直接的な経験、③メディアや風説などからの間接的な認識・イメージ、によって形成されたと考えられる。

しかし二〇〇五年ごろからその姿を明確化しはじめた嫌韓は、それ以前の嫌悪感や差別意識とは異なるものだった。嫌韓は主に、韓国側の歴史認識や世界観に対して「客観的な」認識をしたという自己認識のもとに、それに対して批判的な態度をとる、という形で噴出した。つまりここには、括弧つきの「客観性」という概念が介在している。

もちろんその「客観的」認識なるものは、直接韓国人や韓国社会と接して得られたものではなく、多くは間接的に日本語による第二次文献などから得られたものであったろう(ただし第3章で述べるように、韓国の新聞のウェブ日本語版が日本人の嫌韓に与えた影響は大きい)。

嫌韓の問題は何か

この場合、嫌韓という感情自体を「悪」だと決めつけても出口はないであろう。わたしとしてはむしろ、ある人が嫌韓感情を持つにいたる際に、その土台となった情報や知識の正確さのほうにも大きな問題があると考える。

つまり、ある人にある情報・知識A1がインプットされた場合、その結果として出されるアウトプットB1が嫌韓的な感情であったとする。その場合、A1↓B1の↓B1の部分を批判するだけでなく、むしろまず、A1の部分の正しさを吟味すべきであろう。

もちろんわたしたちは、A1↓B1の回路のうち、「↓」(思考回路)の内容に関しても充分に検討すべきである。この↓になんらかの特殊なバイアスや傾向性や歪みが作用している場合もあるだろうし、文化的・社会的な力が加わっていることも多いだろう。たとえば第2章でわたしが語るのは、韓国の知識人エリートたちが持つ↓、つまり思考回路の特殊な性格である。

だがふつうの穏健な嫌韓派の人びとの言説を見るかぎり、その↓の多くは、特別に異常な性格を持っているとは思えない。つまり、たとえば「韓国人はなんでもパクリをする民族であって、韓国の文化はすべて中国や日本のパクリである。それなのにつねに自分たちこそがオリジナルだと言い張る」というA1（インプット）があれば、B1（アウトプット）として嫌韓的認識が出てくるのは、特別に異常な結果であるとは思えない。嫌韓派はインターネットの「まとめサイト」をよく利用するという調査結果もあるが、ある種の「まとめサイト」はまさに強烈な否定的バイアスがかかった韓国・朝鮮情報に満ち溢れている。これらのAnを多数インプットして、嫌韓というBがアウトプットされないほうがおかしいともいえるほどだ。つまり穏健な嫌韓派の↓（思考回路）自体がそれほど異常な排外的思考であるわけではない。嫌韓批判の人びとがもし穏健な嫌韓派の↓を無条件に批判するなら、これはあきらかな差別である。

「嫌韓」が出てくる仕組み

嫌韓を批判する人たちはあまりにも↓B1に対する批判に集中しすぎている。その際にもっとも問題なのは、B1（嫌韓）という感情を持つ人を「悪人」であるかのように扱い、断罪する態度である。

わたしたちはそのような道徳志向的態度を実に頻繁に目撃する。「嫌韓はゼノフォビア（外国人嫌悪）である。だから悪だ」とか、「嫌韓感情を持っている人間は排外主義だ。だから悪だ」などという言説が、なんの根拠もなく堂々とまかりとおっている。これこそが差別ではないだろうか。

多くの場合、嫌韓感情を持つ人びとの思考自体が間違っていたり異常だったりするからB1が嫌韓的になるのではない。そのような本質主義的な解釈こそ、排斥主義に通じるだろう。「韓国・韓国人に嫌悪感を持つ人間は許さない」という意味の排斥主義である。日本の左派やリベラルにこの手の排斥主義者が多いのは、困ったものである。

もちろん、B1という嫌韓的認識を持った人が新しい情報・知識A2に接したとき、そのA2自体が自己のB1や他者のBnによってすでに嫌韓的に汚染されているという場合も多いだろう。だから嫌韓は純粋にA（インプット）の問題だとはいえない。

さらに、強硬な嫌韓派の↓は、「すべてのAnを嫌韓というBに変換する」という内容を持っているので、これはAのいかんにかかわらず、必ず嫌韓というアウトプットが出てくる仕組みになっている。この場合は、Anを是正するだけでは足りず、↓自体の内容を論理的に検討し、是正してゆくのがよいだろう。

だが少数派である強硬な嫌韓派を除き、多数派である穏健な嫌韓派の場合、多くの↓は正常な思考回路であるとわたしには思われる。

したがって↓よりももっと大きな問題は、A1↓B1の回路のうち、A1にあると考えなくてはならない。つまり、インプットされた情報や知識が間違っていたり偏っていたりするから、それを解析する正常な思考回路を通して出てきたアウトプットB1が嫌韓的なものになっているわけだ。

だからわたしたちはなによりも、韓国・韓国人に対する嫌韓的な彩色抜きの、事実そのものに近い情報・知識を手に入れなくてはならないはずだ。そしてもしその事実そのものに近い情報・知識のインプットを経て嫌韓というアウトプットが出てくるならば、それはそれで正しい思考なのである。むしろその正しい思考を土台として、韓国の人びとに対して批判をしなくてはならないはずだ。そのことこそが対等な隣国関係を構築するのである。嫌韓感情自体を悪だと決めつけることは、隣国と対等な関係を構築しないという意思表示のように、わたしには思える。

反・嫌韓派の危うさ

先日わたしは、嫌韓のヘイトスピーチに強硬に反対する人びとと会食をした。「在特会」（在日特権を許さない市民の会）のヘイトスピーチは表現の自由で許される限度をあきらかに超えているとわたしも思っているので、ヘイトスピーチに強硬に反対する人びとに対してわたしは基本的に好意と敬意を持っている。だが、「危ういな」と思う側面もあるのである。

嫌韓に反対する人びとの特徴として、韓国・韓国人のことを全面的に肯定しようという立場を取ることが多い。わたしの観察では、良心的なリベラル・左派の人びとにそういう立場が特に多いように感じる。このような人たちと話していると、頭ごなしに「嫌韓は悪」という図式を人に押し付けようとする。だがその人たちの韓国・韓国人に対する情報・知識は、わたしから見ると実はあやふやだ。そもそも韓国語ができるわけではない場合が多い。主に第二次情報から判断しているという点において、嫌韓の人びとと差はない。おまけにそのあやふやな情報・知識にもとづく自分の判断に絶対性を付与しようという態度も、嫌韓派とよく似ている。「敵対するどうしは似る」ということは事実であるかもしれない。

たとえばある反・嫌韓派の人はこのようにいった。

「日本のほうが朝鮮よりたった二十年、三十年先に西洋化して近代化に成功したといっても、大差はないし大したことはない。朝鮮がもし二十年、三十年前に西洋化していれば、日本と同じく近代化できた」

問題は、このような見解を披瀝することが反・嫌韓的なコードからいって「正しい」ことだと認識されてしまうことである。つまり、この認識が成立するかどうか自体が、膨大な証明が必要な重要な問いなのだが、その知的作業を抜きにして、「韓国に寄り添ったような見解を持つことがコード的に正しい」とされてしまうことが問題なのである。

わたし個人の見解をいえば、右の認識は正しくない。日本は朝鮮より二十年、三十年先に西洋化したから近代化できたわけではないであろう。なぜならその前の時代、つまり日本の江戸時代と朝鮮王朝の社会的・文化的な様相がまるで異なっていたからだ。ここで詳しい論証をしたいとは思わないが、西洋に門戸を開放したら近代化ができるというものではなく、きちんとした社会的・文化的土台がなければ近代化は不可能である、とだけいっておこう。ポストモダンの時代になってからというもの、近代をあまりにも軽く見る傾向が広がっているのは問題だと思う。

さて、いまは近代化の議論をしたいわけではない。ここで反・嫌韓派の認識を取り上げたのは、反・嫌韓派もまた、A1↓not B1（Bは嫌韓）という回路のなかで、↓の回路が偏向している場合があるという事実、またAnの内容自体に偏りがある場合も多いだろうという事実を提示するためである。

わたしたちは、↓（思考回路）の是正をはかると同時に、インプットのAn（情報・知識）をできるだけ事実に近いものにしなくてはならない。

次節では、韓国の文化・社会に関して、その実態と変化に焦点を合わせて、ごく簡単に述べてみる。その際、日本語母語話者にとってわかりやすいように、日本との比較という観点を導入することにする。

この短いスペースに述べられることは、韓国の文化・社会のうちのごくごく部分的かつ断片的なものにすぎない。これだけの叙述によって韓国の文化・社会の像が形成できるわけではもちろんない。ただ、韓国の文化・社会を知るうえで、「（日本との）比較」と「（過去からの）変化」という観点を導入すると、誤った固定的な認識から少しでも脱することができるのではないだろうか。ここに挙げるのは、そのことを実感するためのごくわずかな事例にすぎない。

3　日本との比較、その変容

問1　同じ儒教文明圏に属するか？

「日本と韓国は同じ儒教文明圏に属する」という言い方がよくされる。たしかに、朝鮮王朝は朱子学を国教としたし、日本も江戸時代には一応朱子学を幕府の学問とした。だが、「儒教文明圏」という言葉から、「日韓は儒教という共通のものを持っているので思想的にも体制上も似ているのだ」と考えると、実態とはかけ離れた認識になってしまう。

まず朝鮮王朝と江戸時代の比較をするなら、前者においては国家全体の思想統制がきわめて厳格であり、朱子学以外の学問はほぼ封鎖された。陽明学やいわゆる「実学」が存在したことは事実だが、それらは公的な空間ではほぼ認められなかったし、それらの成果が現実の政治に採り入れられるということはほぼなかった。しかも科挙という国家試験によって厳格に官僚候補者を選抜するという形式を通して、思想統制は完遂された。

これに対して日本の江戸時代には、朱子学は林家《りんけ》（林羅山を祖とする家系）や湯島聖堂（徳川綱吉が建立）、その後身の昌平坂学問所では主流であったが、日本全国をこれによって思想統制することはなかった。寛政異学の禁（松平定信、一七九〇）によっても日本全国を朱子学一辺倒にしたわけではない。古文辞学、古学、陽明学などが各地で花開いたし、神道など他の思想体系との融合も稀ではなかった（朝鮮では絶対に考えられないことである）。

このような儒学の内容の違いだけでなく、儒学そのものの位置づけも朝鮮王朝と江戸時代では大いに異なった。朝鮮王朝では仏教は朱子学的な異端論によって徹底的に排斥されただけでなく、僧侶は賤民とされ、首都・漢城城内への出入りも制限された（仏教寺院すべてが廃絶されたわけではない）。シャーマニズムは徹底的に蔑視された（ただし村落の宗教的構造においては女性の信仰を集めて周縁・下層部で重要な役割をした）。しかし江戸時代の日本においては仏教・神道は儒学と無関係に、あるいは濃淡さまざまな関係を持ちながら並存した。

近代以降になると、日本と韓国の宗教・思想状況はさらにくっきりと相貌の違いを見せる。植民地時代に日本は国家神道を朝鮮に植えつけようとし、神社参拝などを強要した。しかし国家神道は朝鮮半島に根づくことはなく、植民地支配からの解放後、日本神道はほぼ消滅する。これに代わって植民地時代から信者を急速に増やしたのがキリスト教である。キリスト教は十八世紀にはじめてカトリック（天主教）が朝鮮に入ったが数度の大弾圧を受けた。近代の萌芽とともに十九世紀にプロテスタント（基督教、改新教）が入ってくるや、教育・医療・抗日という事業とともに急速に浸透した。一九五〇年からの朝鮮戦争後にキリスト教は信者の数を急速に伸ばした。

もちろん仏教もまた、現代韓国において信者を多く獲得している宗教である。特に女性の信者が多いのは、シャーマニズムと類似の様相である。

現在、韓国人の約半分がなんらかの宗教を信じており、ほぼ三分の一がキリスト教を信じている。ほぼ四分の一が仏教信者である。

日本人のキリスト教信者の数は人口のほぼ一%であるので、この部分がもっとも大きな日韓の違いかもしれない。韓国でなぜキリスト教信者の数が多いのかについて、学問的にも研究されているが、その理由は単純ではなく複合的である。

儒教の天理信仰と義理の重視がキリスト教の超越性と義の重視につながったこと、仏教やシャーマニズムの祈福信仰が韓国キリスト教（特に土着信仰と習合したプロテスタント）の現世利益的な性格につながったこと、アングロサクソン系のプロテスタント教会が植民地時代以降教育・医療事業に重点を置いたこと、植民地時代にキリスト教が日本に対する抵抗の運動を展開したこと（ただし日本統治に協力もした）、朝鮮戦争がもたらした極度の不安・恐怖心理をキリスト教が救ったこと、解放後におけるアメリカ的な価値の浸透とキリスト教の布教が連動していたこと……これ以外にも韓国でキリスト教信者が多い理由はいくつもあり、日本との比較において興味深いテーマのひとつとなっている。

問2　同じ漢字文明圏に属するか？

「日本と韓国は同じ漢字文明圏に属する」という言い方もよくされる。たしかに伝統的にいえば、中国、朝鮮半島、ヴェトナム、日本は漢字文明圏に属したといってよいであろう。しかしこのうち、ヴェトナムと朝鮮半島北部（北朝鮮）は漢字の日常的な使用を完全にやめてしまった。これらの国では、漢字文明圏の名残は存在するが、国民が日常的に漢字を使用することはまったくない。

「漢字文明圏」という言葉の定義にもよるが、伝統的な側面はさておき、現在の日常的な状況についていうなら、韓国もまた、ほとんど漢字使用国とはいえないほどハングル専用に近くなっている。

韓国では学校教育で漢字を教えているし、また中国語学習熱とリンクして、漢字を使用できる人が逆に最近増えているという説もある。しかし学校での漢字教育は主に漢文教育のなかでのことだし、中国語学習者が社会の主流であるというわけでもない。やはり一般的には、韓国人の漢字リテラシーはかなり低いと見た方がよい。新聞をはじめとする印刷物はすでにほとんど漢字使用をやめている。固有名詞や故事成語や同音異義語で意味がまぎらわしい場合などに（ ）つきで漢字を記載する、というていどである。大学生で自分の姓名、住所、所属学部名などをすべて漢字で書ければその人はかなり高いレベルの漢字能力を持っているといってよいのではないか。

この韓国の実状を、漢字文明圏といってよいのであろうか。大統領が代わるたびに漢字教育の必要性が説かれるが、いちど使用しなくなると、なかなかもとに戻せなくなるのが漢字という複雑な文字の特性だ。

ただし伝統的には、韓国は日本以上の漢字専用国家であったことは事実である。一四四三年に世宗《セジョン》によって創製され一四四六年に公布された訓民正音（いまのハングル）は、近代にいたるまで朝鮮の公式文書には使用されなかった。公式文書は漢文一辺倒であった。

とすると、現在のように韓国人の漢字能力が低下してしまったら、漢文で書かれた過去の自国の文書を読めなくなってしまうのではないか、という危惧が生じる。しかしわたしの知るかぎり、その惧れはさして深刻ではない。というのは、韓国では一般的には漢字能力は低くなっているが、専門的な教育を受けている人の漢字・漢文能力は非常に高いからだ。日本でも『論語』などの漢籍を読んだり漢詩を読んだりする教育施設やカルチャーセンターは多いが、その受講生はほとんどが高齢者だ。しかし韓国の漢文教育機関は、受講生の多くが若者である。ここが日本との違いだ。むしろ日本の若者の漢文読解能力の低さのほうが、学問的な意味では問題かもしれない。

問３　家族制度は同じか？

「日本社会も韓国社会も同じく家族主義である」とよくいわれる。

たしかに日韓の家族制度が儒教的な家父長制という共通の枠組みで論じられることも多い。またエマニュエル・トッドが世界の家族制度の分類をした際には、日本も韓国も、ドイツと同じく「権威主義的家族」という同じ類型のなかに入れられた。

しかし、日本の家族制度と韓国の家族制度は、思ったよりもずっと異なるものである。

韓国の伝統的な家族制度は儒教的なそれで、完全に父系血統主義のシステムになっている。ひとりの人間が生まれたときに持った姓は一生変わることはなく、したがって当然女性が結婚してももとの姓は変わらない。そしてすべての子は父親の姓を持つ。また、同じ姓で同じ本貫（一族の始祖の発祥地）どうしの男女は結婚できない。つまりたとえば夫婦に子どもふたりの核家族のなかでは、妻（母）だけが別の姓を持つことになる。父親と子たちが金姓で母親が李姓、という具合である。他の男系の血筋からの養子が許容されないので、男児が生まれないとその家は断絶になる可能性がある。だからどうしても男児が必要で、そのため七人、八人きょうだいの末子だけが男児である、という家族構成もかつては特別に珍しいことではなかった。

これに対して日本の家族制度は儒教的なそれだということはできない。そもそも女性が結婚によって苗字を変える、というのは儒教的制度においてはありえないことだ。また、日本の制度では他の家から養子をもらうことはなんら問題を伴わないし、儒教的な意味でいえば近親相姦にあたる結婚（いとこどうしの結婚など）が法的に許されている。江戸時代から戦前にいたるまでは、現在よりさらに非儒教的な家族形態の実態があった。むしろ戦後のほうが、実態としては儒教的な家族形態に近くなっているといえる。

このように日本と韓国の家族は似ても似つかぬものだといってよいほど異なるものである。

ただ、韓国社会の急激な変化は家族制度にも及んでいる。個人尊重主義の導入とフェミニズムの浸透によって、二〇〇八年に民法が改正された。これによって戸主制度が廃止され、姓の自由化が進んだ。姓の自由化としては、たとえば、子が母方の姓を持つことも可能になった。また子が父方と母方の両方の姓を採る、ということも行われている。たとえば父が崔姓で母が李姓で自分の名がジウの場合、崔李ジウという姓名を持つ、ということである。また特別な事情がある場合には、血族関係にない子を養子とすることができるようにもなった。同じ姓で同じ本貫の者どうしの婚姻も許容された。

民法が改正されても、韓国の父系血統主義が消えたわけではない。人びとの意識がまだ法についていっていない。だが、強固な伝統と思われてきた儒教的家族システムが、法制上のことではあるが大々的に改変されたことは、大きな衝撃だった。今後、日常的な意識の変化が法制の変化に追いつく形で浸透していくものと思われる。実際、あれほど男児選好度が高かった韓国社会で、近年では女児選好度が高くなっているのも、大きな変化である。女児を好む理由としては、かつてのような親が長男の嫁に面倒を見てもらうという文化が崩壊してきたこと、息子の嫁に遠慮しながら暮らすよりも気心の知れた娘と交流するほうが気楽だという風潮が浸透したことなどが挙げられる。

また、日本も韓国も表面上は家族の絆が強いとされているが、その絆の中身もだいぶ異なる。一九九〇年代の半ばには、韓国社会において「父親の失権」ということがさかんに論じられた。それまでの家父長制的な意識と実態が崩れたという認識が韓国社会にひろがった。しかし、すでにそれ以前に父親の失権が現実化しており、なによりも明治から大正時代にすでにいわゆる文化的な意味での「父親殺し」を経験している日本社会と比べると、韓国社会における「父」はまだ健在であるように見える。

だが、日本社会がいまだに経験していない、あるいは充分に意識していない家族の実験を、二〇〇〇年代以降の韓国はすでにしている。それは「グローバル家族」と「多文化家族」という概念である。前者は、いわゆる「キロギアッパ（雁父さん）」という父親の役割と関係している。「雁父さん」というのは、母親と子どもたちが（主に子の外国語教育のために）外国に暮らし、父親だけが韓国で働いており、定期的に家族のいる外国に出かけて行って帰って来る、という形態を指す。二〇〇〇年代以降、韓国で大いに流行ったものだ。一家族が二カ国以上にわたって住んでいるのでこれを「グローバル家族」という。ただ、近年は急速にこの「雁父さん」が減っているそうだ。ある二十代半ばの韓国人の話では、「自分が小学生のときはクラスの半分くらいが雁父さんだった。でもいまはほとんどいない」という。子どもを外国で育てて外国語堪能な人材に育てても、決して韓国に帰ってからの就職事情がよくないことがわかってから、急速に雁父さんは消えたのだという。また、グローバル家族は途中で崩壊する確率が高いことも、雁父さんが減少した理由だという。

後者の「多文化家族」というのは、特に嫁のなり手がない農村部などで、外国から女性が来て結婚する数が急増していることをいう。もちろん多文化家族は農村部だけで起きている現象ではないが、農村部で特に顕著に起きていることはたしかである。わたしの聞いた話では、韓国のある農村では旧ソ連のある国から数多くの女性が結婚しにやってきて、村をあげての大歓迎をしたのだが、しばらくすると女性たちはすべていなくなってしまったという。韓国入国のための方便として使われてしまったらしい。このように、多文化家族の実態は困難な側面を多分に持っている。だが韓国では、そのような困難にもかかわらず、外国人を含む家族をいかにして韓国社会に包摂するかに対して果敢な政策を展開している。それらを韓国では「多文化主義」と呼んでいるが、わたしから見るとその実態は多文化主義というよりは同化主義あるいは文化的多元主義である。いずれにせよ、韓国社会は日本よりもかなり明確な主義・方針を打ちたてて社会の多文化化を実践しているといえる。

かつてのようにすべての面において韓国より日本が先を行っている、という時代ではすでにない。これからは、日本より韓国が先を行っている部分に注目し、その成功面と失敗面を正確に分析して学んでいく、という両国関係が重要になってくるだろう。

問4　学歴社会の歴史と実態は？

「日本も韓国も学歴社会だ」とよくいわれる。

これもおそらくは事実であろう。

しかし、「学歴社会」という言葉の定義にもよるが、その中身というか実態は、日韓でかなり異なるのも事実である。

そもそも韓国から見ると、日本が学歴社会であるのかどうかは、かなり疑問符がつく。ここで「学歴社会」を、「ある個人の学歴がその個人を社会的に評価する重要な基準となっており、そのため学歴を高めるために個人・家族・社会のリソースを重点的に投下する社会」と定義すると、たしかに日本も韓国もそのような社会の枠組みに入るとはいえるだろう。

しかし、韓国は高麗時代からの科挙の伝統がある社会であり、しかも伝統的には社会的上昇の梯子《はしご》が科挙しかなかった。つまり、勉強してペーパーテストに合格するという手段しか、基本的に上昇するすべがなかったのである。これには日本と社会構造が異なっていたという理由がある。朝鮮王朝時代には商工という職業が極度に蔑視されたため、手に技術を持つ職人や情報を握る商人が社会的にまったく評価されなかった。だから技術は伝承されず、老舗は存在しない。農民は科挙を受験できるが商人は子々孫々受験できないので、知識人は決して商業に手を染めることはなかった。学問・勉強というものが社会において持つ比重が、伝統的に日本よりも格段に高かったといえる。

これに対して日本では、勉強とペーパーテストによる社会的上昇が可能になったのが明治二十年代のことである（これについては後述する）。学歴重視の歴史が圧倒的に短い。日本人のメンタリティには、勉強よりも、手仕事など肉体を動かして技術をきわめることにより得られた社会的な評価を重視する傾向が、江戸時代以来、現在にいたるまで続いている。

韓国では、肉体蔑視、技術蔑視であった朝鮮王朝の伝統を引き継いで、いまだに職人の仕事が育たないといわれる。もちろん韓国でも一九八〇年代以降、職人（匠人という）を庇護したり無形文化財として称揚したりしているが、一般の関心を強く惹きつけているとはいえない。いまだ「官製の評価」というレベルだといってよい。また近年、技能オリンピックでつねに最上位にランキングされるなど、実は韓国の技術者たちの技能は高いのだが、これも社会一般の関心外にある。社会一般の関心はもっぱら学歴の高さなのである。

朝鮮王朝の知識人重視のメンタリティが、現在の韓国社会にも強烈に残存している。韓国の大学進学率は八〇％近いし（日本は五〇％前後）、学歴に対するストレートな「信仰」は日本人の想像を絶する水準だ。

だから当然、勉強や学歴が若者に与える重圧は、日本とは比べものにならない。日本の中学・高校の実態を知った韓国人はみな一様に、部活動というものに大変な驚きを示す。韓国の学校では基本的に勉強しかさせず、課外活動はほとんどしないからだ。日本の中学・高校ではみなそれぞれの好きな、あるいは得意な分野の部活動を熱心にしていて、それへの打ち込みようが尋常ではないレベルであることに、驚かない韓国人はいないといってよいほどだ。かつて、韓国人の日本認識がステレオタイプだった頃には、「日本人は西洋のモノマネばかりして、個性もオリジナリティもない」という偏見が支配していたが、最近、日本のいろいろな実態を韓国人が知るようになってくると、「日本の学校には部活動があるから、学校の勉強とは違う個性を日本人は持つようになるのだろう」といった認識が広まってきた。

近年では韓国でも、学校の勉強ができる人よりも、コミュニケーション能力や創造的な能力のある人材を求める大企業も多く、そのためかつてのような学歴絶対主義は揺らぎつつあるように見える。また芸術系の学部の人気は非常に高く、かつてのように「勉強ができれば社会で尊敬される」という認識は、すでに若者のあいだでは万能のものではなくなりつつある。博士号取得者があまりにも多いので、博士号に対する信仰はすでにほとんどなくなっており、文系の大学院進学者も減りつつある。

若者たちは「ヘルチョソン」という。「hell 朝鮮」つまり「地獄朝鮮」という意味だ。学歴を高めるために一生懸命勉強して大学にはいった。しかし出口がない。就職口がない。就職してもすぐリストラされる。上の世代だけが持っていくものをすべて持っていってしまった。高度成長はもう絶対来ない。未来に希望が持てない。北朝鮮の脅威にさらされ、好戦的な安倍政権に圧迫され、米国にあやつられる。われらが住んでいるのは誇り高い大韓民国ではなく、地獄朝鮮なのだ、という認識である。若者に尋ねると、自分たちはこの言葉を深刻に語っているわけではなく、なにかうまくいかないことや気にくわないことがあると、条件反射的に「ヘルチョソン」という言葉が口から出てくるというのだ。

「インヨ（剰余）」というのが若者たちのもうひとつの流行語である。大学を出ても、よい職に就けるのはごくひとにぎりの人たちだ。あとは、この社会のあまりもの、つまり「剰余」である。そのような自嘲的な認識をプラスに換え、「剰余でなければできない剰余の仕事があるだろう。それこそが社会をほんとうの意味でゆたかにするのではないか」という発想に転換しようという運動が、韓国社会で胎動している。

問5　中央集権体制──朝鮮王朝時代と江戸時代の違いは？

日本と韓国は、ともに中央集権の国家であるといわれる。たしかにそういえないこともない。米国やドイツなどに比べれば、日本も韓国も中央政府の権限はたしかに強いといえるだろう。

しかし、日本と韓国の中央集権の歴史は、まったく異なるといってよい。

そもそも朝鮮王朝は、科挙によって人材を中央に集め、中央から官僚を地方に派遣することによって統治するという儒教的つまり反封建的な中央集権のシステムを五百年間維持した。

これに対して日本では、江戸時代の封建制度を打破して中央集権が確立したのは明治維新以後のことである。儒教的な中央集権の確立は、一八九四年の高等文官試験制度の設置によってはじめて実現したといってよい。一八八六年の帝国大学の発足とともに、日本では十九世紀末にようやく儒教的中央集権の基礎ができあがったということができる。

これに対して韓国では、高麗王朝時代にすでに科挙によって官僚（両班《ヤンバン》）が選抜されるシステムができあがっており、朝鮮王朝時代は一貫してこのシステムを採用して儒教的な中央集権を持続した。

その伝統があるため、韓国の地方自治の歴史は浅い。ただ、近年、韓国でももちろん地方分権の方向に進みつつあることは事実である。だが、日本と韓国のあいだで中央集権的なメンタリティの違いが、齟齬を生むという事例も多い。たとえば二〇〇五年三月に島根県が「竹島の日」を制定したとき、韓国メディアは日本政府に対して、「一地方自治体がやることを中央政府が止められないはずはない。それをしないのは、中央政府が裏で島根県を動かしているからだろう」という論を張った。これに対して日本政府は、「地方自治体がやることに対して中央政府は介入できない」という立場を堅持した。もちろんそこには、政治的なかけひきがあったにちがいないが、日本と韓国で中央集権というものをめぐる認識の違いが摩擦を生む一例であった。

問6　格差社会・少子高齢化、その実態は？

日本は「課題先進国」といわれるが（小宮山宏・元東大総長の言葉）、韓国もまた日本と同じ課題をそのまま抱えている。資源小国で産業構造が似ており、社会のシステムや法制度も似ている。だから日韓が抱えている課題もほぼ同じだということはできる。

たとえば格差や少子化や高齢化の問題は、日韓がほぼ同じ状況に直面している。自殺率が高いのも同じである。

だからこれらの問題を解決するために、日韓の学術的・政策的な交流と協働作業はぜひ必要だ。むしろこのような問題の解決を最優先として、日韓関係の構築を推進していくべきだと考える。

ただ、格差や少子化や高齢化や自殺率の問題などは、表面上は日韓が同じ問題を抱えているように見えるが、その中身に深くはいっていくと、実はだいぶ異なった事情があることもわかってくる。だから安易に「まったく同じ課題を抱えている」と考えると、実態と異なった認識となってしまう可能性もある。

たとえば格差の問題は、韓国では「両極化」という言葉を使っている。富める者がますます富み、貧しい者がますます貧困に陥るというように社会の経済的な格差が広がることをいっており、このような状況が表面的には日韓で共有されているといっても問題はないだろう。しかし、韓国の大卒の若者の就職率（特に正規職への就職率）と日本のそれとは大きな隔たりがあり、また社会福祉の実現の度合いも大きな隔たりがある。富める者の特徴としては、韓国は大企業がほとんどすべてオーナー一族による血族経営なので、特定の一族に富が集中する傾向が強いのに対して、日本ではそのような戦前の財閥のような富の集中は多くない。とすると当然、「富める者への対策」も日韓で大きく異なってくるはずだ。

少子化も、表面上は日韓で似たような様相を呈しているが、その中身はだいぶ異なる。韓国の合計特殊出生率は日本よりもさらに低く、大きな問題とされているが、高学歴の女性が出産をためらう理由としては、子どもの教育への出費が多大な負担になる、というものがもっとも大きいとよくいわれる。日本でも同様の理由は大きいだろうが、高い教育レベルを子に身につけさせることの義務感・圧迫感は、日本より韓国のほうがずっと高いと推測される。また、韓国の場合は中流層以上の家庭には家事手伝いがいることがあり、この場合、働く妻・母の大きな負担軽減となる。また韓国では日本よりも保育所の事情がよいため、子どもの預け先がまったくないということはふつう考えられない。これらの事情は日本とは異なるものである。したがって、表面上の数字の類似のわりには、その中身と対策が異なるのである。

　高齢化も、その中身が日韓ではかなり異なる。韓国では子が親を高齢者用の施設に入れることをいまだに親不孝と考える文化が根強く、問題となっている。建前上は、親と同居して面倒をみるのが当然、という伝統的な意識が残存しているため、堂々と親を施設に送ることができない。しかし現実は、親と同居して子が面倒をみることはかなり困難となっている。だから韓国では、昼間に高齢者たちが町の公園や集会所などにたくさん集っている。昼間、家にいられないから外にいるのだという。日本ではあまり見られない光景である。

　このように、表面的、あるいは数字的には酷似しているように見える日韓のさまざまな現象が、その深層においてはまったく異なる相貌を見せるということが数多くある。

　むしろわたしたちは、日本と韓国が文化的にも社会的にも異なる側面が多いにもかかわらず、表面的に似たような姿を見せることに、ある種の驚きを感じる必要があるのではないだろうか。

　そして互いの類似点と相違点を正確に認識したうえで、相手の社会が経験していることやそれへの対策などに敬意や共感を持ったり、さらに真摯な批判をしたりすることが重要なのではないだろうか。嫌韓派も反・嫌韓派も、あまりにも韓国と日本を実体として分離して認識しすぎているのである。

第2章　変化と不変化の韓国社会
——エリート支配、市民の権力、道徳性

1　変革とその主体

軍人、民衆、市民

さて、第1章で述べた韓国社会の変化の具体的な事例に関しては、日韓両国の社会学者などが実証的に詳しく研究しているので、関心のある人はその成果を見ていただきたい。

ここでは、韓国社会の変化とはいったいどのような性格のものであるのか、そしてその変化の担い手はどのような人たちなのか、ということを語ってみたい。

個々の変化の事例を紹介するというよりは、むしろ、その変化の主体と駆動力はいったいなんなのか、という部分に焦点を当てたい。

解放後の韓国社会において変革を担った人たちの特性はなんであったか。

一九六〇年代にはいるまでは、知識人こそが変革主体の中核であった、ということができるだろう。これは朝鮮王朝から植民地時代を経て一九五〇年代まで強固に維持された、儒教的なメンタリティのためであろう。だが、一九六〇年代はじめに韓国は、劇的な変化を経験する。一九六一年に朴正熙《パクチョンヒ》が軍事クーデターで実権を握ったことにより、軍出身者による政権運営が始まったのである。これは盧《ノ》泰愚《テウ》政権（一九八八〜一九九三）まで続く（軍人の身分のまま政権運営をしたわけではないので軍事政権という言葉はここでは使用しない）。

ただし一九七〇〜八〇年代には、一九八〇年の光州事件（韓国の軍隊が光州市民数百人を虐殺した事件）をはさんで、軍人出身政権に対する抵抗運動が高揚する。韓国の代表的な政治思想学者である崔《チェ》章集《ジャンジプ》がいうような、「韓国において民主主義を担う主体は民衆でなくてはならない」という命題が国民間に共有された時代である。この「抵抗する民主化勢力である民衆」は、一九八七年の盧泰愚による民主化宣言後も、一九九〇年代初めまで韓国社会の変革の主役をつとめることになる。

しかし、一九九〇年代にはいると、韓国社会の変革主体は、「民衆から市民へ」と移行する。だがこの市民とは韓国においてなにを指すのか、というのは、かなりむずかしい問題である。「市民」という語彙を日本語と韓国語は共有している。発音も同じ「シミン」である。だから勘違いしやすいのだが、実は、この言葉が指し示す文化社会的コノテーションは、日韓の間でかなり異なるのである。

知識人エリートの役割

以上の経緯を、以下のように整理してみよう。

韓国社会の主役は建国後、知識人エリート（一九四八年〜六〇年代）、知識人エリートから軍人エリートへ（六〇〜七〇年代）、軍人エリートから民衆へ（七〇〜八〇年代）、民衆から市民へ（九〇〜二〇〇〇年代）という変化を経験し、この流れのなかで九〇年代以降にグローバル化を推し進めたといえる。

ただ、知識人エリートは一九六〇年代に影響力を失ったわけではない。軍人出身者支配の時代になってからは主に民主化運動の中心勢力として華々しく活躍した。また七〇年代以降の民衆の時代においても、実質的に民衆という概念を規定してその思想内容を構築したのは、左派知識人エリートであった。さらに九〇年代以降の市民の時代にも同じことが起こり、実質的に市民という概念規定とその思想・行動の内容を構築したのはこれもまた左派の知識人エリートたちにほかならない。

このように考えてみると、韓国社会の変革主体は表面上はさまざまに変わってきたが、そのもっとも大きな勢力として知識人エリートがありつづけてきたことがわかる。軍人エリート時代には主役の座を奪われて抵抗勢力となったが（力が弱まったわけではない）、民主化の達成とともに再び強力な主導権を握った。

エリートの様相

以上の分析とは別に、「エリート」という観点から変革主体の問題を考えてみよう。先の分析のとおり、八〇年代までの韓国はあきらかに、エリート中心の社会であったということができる。知識人エリートと軍人エリートである。

ただ、このふたつをもう少し細かく見てみると、大きくいって次の三つのタイプがあった。①儒教的な伝統にのっとり、高学歴の人文的教養を持った士大夫《したいふ》型、②植民地統治の影響を受けたテクノクラート型、③同じく植民地統治の影響を受けた軍人型。

このうち③の軍人類型をエリートと規定することは、実は韓国の知的伝統からいうと、大きな違和感がある。というのは、朝鮮王朝時代からの文人優位のメンタリティにおいて、武力をもって統治をする武人・軍人をエリートと呼ぶことに対しては、強い心理的抵抗感があるからだ。かつて韓国・朝鮮研究家の田中明は朴正煕時代から全斗煥《チョンドゥファン》時代までを「例外」の時代と呼んだが、それは文人支配の伝統が長い韓国において、軍人が支配した異例な時期であった、という意味である。

そして一九六〇年代以降に③の軍人類型がエリートとして政治的な支配を行ったことが、その後の韓国史における社会変革の主体を規定する大きな要因となった。つまり文人的教養を持った士大夫型の知識人エリートたちは、朴正煕以後、全斗煥、盧泰愚と続く政権に対して、それが独裁的政権であるという批判と同時に、軍人出身政権であるという批判を行ったのである。これも田中明が指摘したことだが、軍人出身政権時代における抵抗運動は、たといそれがキリスト教系の人士によるものだったとしても、その根本的メンタリティは儒教の士大夫のものであった。

　しかし一九七〇〜八〇年代になって、韓国では民衆という概念が社会の前面に登場し、労働運動や左派の世界観と合体して社会変革の中心的な主体となる。激烈な民主化運動は、儒教的な士大夫型知識人エリートの抵抗のメンタリティと、その影響を受けた民衆の変革主体性が合体して完遂されたものであった。

　その抵抗と変革の力は圧倒的なものであった。強固な支配を誇った軍人出身政権は朴正熙、全斗煥、盧泰愚と三代で終わり、一九九三年には金泳三《キムヨンサム》の文民政権が誕生した。

だが、この間に韓国は開発独裁型の驚異的な経済成長を遂げてもいた。つまり、士大夫型知識人エリートによる強烈な批判にもかかわらず、軍人出身政権が圧縮型の高度経済成長を力強く成し遂げたのは事実であった。その成果が、文民政権が登場した一九九〇年代に韓国社会の全面にわたって現れることになる。それが社会の大衆化である。一九九〇年代にはいって急速に後期資本主義化が進んだ韓国では、民衆の道徳的抵抗主体性とはまったく別個に、消費経済と結び付いた大衆が華々しく台頭したのである。

　となると、士大夫型知識人エリートや民衆はどうなるのか。ここが日本との大きな違いなのだが、大衆は韓国社会では全面的勝利を謳歌できなかった。つまり、九〇年代には、後期資本主義的な大衆支配の時代になるかと思われたが、そうはならなかった。日本では五〇年代から七〇年代にかけて輝いた市民や民衆は、七〇年代の後期資本主義化による大衆の席捲によって、もののみごとに退潮してしまった。だが、韓国では士大夫型知識人エリートや民衆が歴史の裏面に後退することはなかった。社会の道徳志向性がきわめて強かったからである。

おおよそこのような軌跡上に、韓国の市民は出現したのである。

つまり、民主化後の九〇年代に、民主化の結晶をあざ笑うかのように後期資本主義的な大衆が力を持ち始めたのだが、それを道徳的に抑えこもうという形で今度は市民が現れたのである。金大中《キムデジュン》政権（一九九八～二〇〇三）から盧武鉉《ノムヒョン》政権（二〇〇三～二〇〇八）にかけての時期の出来事であった。金大中政権は市民がつくった政権とはいえないが、盧武鉉政権はあきらかに市民がつくった政権だといってよい。

士大夫型メンタリティ

さて、このような韓国における変革主体の歴史を理解しようとするとき、もっとも重要なことは、それらの勢力が持つ儒教的道徳志向性であるとわたしは考える。なぜなら文人的士大夫型エリートはもちろん朱子学的なメンタリティを強固に受け継いだ人びとであったし、それだけでなく、韓国においては民衆も市民も、この文人的士大夫型エリートによって概念規定され思想内容を構築された集団であるからである。これらの集団、つまり文人的士大夫型エリート、民衆、市民がこぞって攻撃したのが、軍人的エリートであった。軍人的エリートこそ、効率と物理的力を重視して合理的に社会を変革していく勢力であったから、儒教的な道徳志向性とはあきらかに正面から対立する思想集団であった。そしてこの軍人エリートが模範としたのが明治以降の（特に昭和十年代の）日本の統治システムであったから、軍人エリートへの批判と日本への批判が合体することになった。

つまり、韓国における市民とは、「非正統たる日本的・独裁的な軍人支配」を打倒した「儒教的正統としての士大夫型知識人エリート・民衆」の延長線上に位置している集団である。そしてこの正統は、自分たちが権力を掌握しないかぎりは再び不道徳かつ非正統な勢力によってヘゲモニーを奪われてしまうという儒教的歴史観を強く持っているため、著しく権力志向的なのである。そして韓国における朱子学的士大夫型メンタリティは、「王の間違った判断を正すことができるのは自分たち（士大夫）しかいない」という考えを持っているので、「政権の間違った政策や判断を声高に批判・糾弾して正す」という政治的行為に邁進するわけである。韓国人がよく、「わが国の市民は権力である」「市民は政府よりも強い権力だ」というのは、このことを指している。

2　「北学の軸」と「東学の軸」

抗日運動家への「敬意」と「負い目」

次に、変革の駆動力について考えてみよう。

社会を発展させる駆動力として、合理性を重視するのかそれとも道徳性を重視するのか。極端にいえば、解放後の韓国の歴史はこのことをめぐる闘いだったとさえいいうるのではないだろうか。

韓国の知識人が、よくこういう話をする。

「韓国の民主化運動はわれわれが血と汗を流しながら達成した尊い歴史だ。しかし自分はそのとき、民主化運動に命を懸けて参加しなかった。命を捨ててわが国の民主化運動をなしとげた人びとに対する負い目をずっと抱えている」

誠実な知識人であれば必ずこのような物言いをするし、逆にいえばこのような物言いをしてこそこの社会では誠実な知識人として認められる。

そしてこの認識は歴史をさかのぼって、日本の植民地統治に抵抗した抗日運動家たちへの「敬意」と「負い目」の意識と合体する。

このような意識は、韓国社会に暮らしているとごく当然なこととして受け取られるし、実際、韓国の独立と民主化のために命を捨てて闘った義士、烈士に対してこのような意識を持つのは当然のことのように思える。

しかしもう少し冷静に考えれば、この意識はやはり道徳志向的なものだといえるのだ。

抗日運動や民主化運動が道徳志向的な意味で立派なものであったのは、一点の疑いもない。しかしそれだけで韓国が発展して今のような先進国になったわけではもちろんないだろう。強権的な支配によって自由を弾圧した軍人出身政権が、開発独裁という方式で韓国の近代化・産業化を推進したからこそ、現代の韓国の繁栄があるわけだろう。開発独裁の人権蹂躪は断じて擁護できないが、歴史は道徳的に正しい勢力が発展させるわけではないことは、受け入れざるをえない事実ではないだろうか。

朝鮮王朝の評価と歴史観

このことと関連するのだが、朝鮮王朝をどう評価するか、ということが、韓国社会ではつねに問題となっている。日本でも江戸時代に対する評価は重要なイシュー（問題）であるが、近代以前の国家あるいは社会の状態をどう認識するか、という問題は、韓国でもきわめて重要なイシューである。

朴正熙政権時には、朝鮮王朝の儒教的統治は、日本の植民地史観（朝鮮停滞論）の影響を受けて徹底的に批判された。儒教的統治によって従属的精神、非主体性、空理空論、経済の停滞などが王朝全体に浸透した、というのが、近代化・産業化を至上命令とした朴正熙政権時代の歴史観であった（ちなみに北朝鮮の金日成《キムイルソン》政権もこれとまったく同じ歴史観を持っていた）。

しかし一九九〇年代以降、つまり近代化と産業化をあるていど達成したあとの韓国では、一転して朝鮮王朝肯定の論調が優位に立ったのである。朝鮮王朝の儒教的統治こそが、道徳的に正しい理想的な政治の時代であった、という語りが韓国社会に浸透した。一九八〇年代までは、朝鮮王朝の支配層であった両班といえば、映画やテレビのコメディ番組などで好色で貪欲で無能な権力者としてデフォルメされて描かれることが多かったが、一九九〇年代以降、そのような描き方は消え去った。

後述するように、老論といえば、朝鮮後期に政権を牛耳って朱子学的思想統制を強化し、非現実的な北伐論（清を打倒するという論）に固執して王朝を停滞させた党派として悪名高かったが、一九九〇年代にはソウル大学の鄭玉子《チョンオクチャ》教授らが先導して、老論こそ儒教的文人統治の精髄を実現した理想的な党派だという再解釈がなされ、その歴史観がほぼ定着した。

また「十八世紀後半の英祖・正祖の時代こそ儒教的理想主義が爛熟した朝鮮王朝の絶頂期だった」という歴史観は、すでに現在の韓国では揺るぎない定説となっている。近年新たにつくられたソウルの国立古宮博物館では、朝鮮王室への全面的な賛美が展開されている。この朝鮮王室全面肯定の評価には、海外における韓国歴史ドラマの人気も影響しているのだろう。

ただ、正祖の統治が終わる一八〇〇年以降、朝鮮は激烈な党派争いと王の外戚による権力の私物化によって、理想的な状態から腐敗への道を転落した、という歴史観は現在でも共有されている。

「東学の軸」

この「十九世紀腐敗論」の歴史観がどこにつながるかというと、十九世紀後半に崔済愚《チェジェウ》によって創始された東学という宗教への肯定論に直結する。

東学は一八九四年に朝鮮南西部で起きた甲午農民戦争（かつては東学党の乱と呼ばれた）のきっかけとなり、この蜂起に加わった多くの人びとが東学を奉じていたため、韓国近代史にとってきわめて重要な位置を占めることとなる。すなわち、一八九四年の蜂起は直接的には朝鮮王朝の地方官僚の収奪と腐敗に対する抗議であったが、これと外国（日本および西洋）の帝国主義的侵略に対する抵抗とが結びついたものだった。そしてこの蜂起が結局は朝鮮半島を舞台とする日清戦争につながる。蜂起から日清戦争のさなかにかけての過程で、没落両班や農民を含む多数の朝鮮人が日本軍によって虐殺された。

このような歴史をふりかえってみると、東学こそは、帝国主義的な侵略と腐敗した政治を打倒しようとしたきわめて道徳的で高潔な思想であり実践であったと評価することができる。これが、植民地時代の抗日運動、そして解放後の軍人出身政権時代における民主化闘争と結びついて、韓国の道徳的正統性の一貫した線となるのである。

だが、先に述べた朝鮮王朝の儒教的道徳性に対する肯定と、東学の肯定とは矛盾しないのだろうか。つまり、東学といえば北朝鮮では反封建階級闘争の変革思想と解釈されているし、韓国でもそのような見方が左派では主流である。左派はあくまでも、儒教は反動思想で東学は革命思想であるという古い階級闘争史観を堅持しているのだから、問題ないように思える。しかし、ものごとはそんなに単純ではない。韓国の左派は、頭は階級闘争史観だが、心は儒教的道徳志向性を強く残存させている人びとなのである。したがって、極端な左派でないかぎり、東学を高く評価する軸と、儒教的道徳性を思慕する軸とは、矛盾させずに並存させたい。そのときに出てくるのが、帝国主義批判なのである。

日本帝国主義により、儒教的道徳性および東学の革新性のどちらもが暴力的に壊滅させられてしまった。思想の内容上は、儒教と東学は異なるが、どちらも帝国主義に抵抗するという点では同じだった。儒教的伝統からも、東学的革新性からも、韓国の内発的な発展の道はありえたはずである。しかしそれを潰したのが日本帝国主義であった。おおよそこのような論理によって、左派だけでなく多くの韓国人は儒教と東学という両者を同時に肯定できる道を歩むことができる。

理は封建的、気は近代的

だが、ここにもうひとつ別の観点がある。

というのは、「儒教的伝統からも、東学的革新性からも、韓国の内発的発展の道はありえた」と語るのはたやすいが、その説明が充分な説得力を持ちうるだろうか、という問いに関連する。かつて、近代化が韓国社会にとってもっとも大きなイシューであった時代には、東学は近代化の思想として解釈されていた。それは、朱子学的な理という封建反動の秩序を解体する気一元論の革命思想だとされたのである。たしかに崔済愚の思想は気一元論がその土台であるし、中国・北朝鮮のマルクス主義的哲学においては「理は反動で封建的、気は平等で近代的」という絶対的な図式が固定化されていたから、それを援用して「東学＝気一元論＝民衆思想＝平等＝下からの革命思想＝反帝国主義＝反封建」という強固な図式が成り立っていた。

しかしこれはあくまでもマルクス主義的な図式であって、東学から近代がそのまま出てくるという説明にはならない。なによりも技術革新や資本の蓄積、商工業の発展などという基本的な社会の変革を説明できない。

ところがやがて韓国も近代化や産業化は充分に達成して、一九九〇年代後半から二〇〇〇年代にはポストモダンに突入したと自己認識された。それとともに、内発的近代化という困難なテーマはいつしか忘却されてしまったのである。あれほど苦しんだテーマは、いとも簡単に人びとの頭から消え去ってしまった。いつしか東学は近代ではなくポストモダンの先駆的思想として捉えられるようになった。

「北学の軸」

ポストモダンの東学。つまり、近代的な人間中心主義、環境破壊、帝国主義、戦争、植民地主義などを克服する思想としての東学。この解釈は魅力的であるし、また時代にぴったり合ってもいる。

しかしそれでは、韓国近代の思想はどこに行ったのか。

かつて、近代が重大なテーマだった時代に、さかんに取り上げられたもうひとつの思想資源が、韓国にはある。それは、「実学」である。

「実学」とは、朱子学的な空理空論ではなく、現実問題を解決するための実践的な学問をいう。朝鮮後期の李瀷《イイク》、朴斉家《パクチェガ》、丁茶山《チョンタサン》などが代表的な実学者だ。植民地時代の鄭寅普《チョンインボ》などが実学研究の重要性を唱え、解放後に北朝鮮でも韓国でも、実学は思想研究の中心に据えられた。一九七〇年代から八〇年代までは、「実学こそ韓国の近代化を準備した思想」という命題は絶対的なものであって、誰もそれを疑うことはしなかった。日本でも姜在彦《カンジェオン》などがさかんに朝鮮実学研究をした。

実学の系譜はいくつもあるが、わたしとしては、近代との関係でもっとも重要なのは、「北学派」であると考える。先に述べた「東学」が、「西洋の学に対して東（朝鮮）の学」という意味であるのに対し、この「北学」は、「北（清）に学ぶ」という意味である。

北学派が活躍したのは十八世紀の後半だが、朝鮮政界では、十七世紀中葉以降、先に触れた老論という党派が絶大な力をふるっていた。老論の党是は「北伐」であった。十六世紀の終わりに豊臣秀吉の朝鮮侵略に対抗して援軍を送った明が疲弊して、十七世紀はじめに北方の女真に圧迫され、結局、一六四四年に李自成によって滅ぼされる。その前に朝鮮は、一六二七年と一六三六年に女真による後金によって侵攻され、一六三七年に朝鮮王・仁祖はいまのソウル漢江南岸で後金のホンタイジ（太宗）に臣下の礼をとる。この後、朝鮮は後金（清）の臣下となるのである。

老論とは、この屈辱に対する復讐を党是とし、小中華思想を明確に打ち出した党派である。つまり、清を樹てた女真は、北方の野蛮族である。その野蛮族が、明を圧迫して結局は滅亡へと追いやり、朝鮮を臣下とした。朝鮮としては、明には「再造之恩」（豊臣秀吉の倭に侵攻されて壊滅状態だったのを、明が助けてくれた）がある。清は野蛮人の国家であるから、中華（宇宙の文明の中心）を継承することはできない。明の中華は、もっとも道徳的な儒教国家である朝鮮に移ったのだ。つまり、明の中華の継承者である朝鮮こそ、野蛮な清（北）を伐たなくてはならない。……これが老論の論理である。

もちろん老論といえども、執権党であるから、朝鮮の清への臣従という現実は受け容れる。だが彼らの理想は、あくまでも北伐である。このようにして、朝鮮政権の中枢が、現実とはかけ離れた幻想的な国際認識にとらわれることとなった。

急進的な認識で配流

そのような状況のなかで、十八世紀の後半に出現したのが、北学派という集団であった。洪大容《ホンデヨン》、朴趾源《パクチウォン》、朴斉家がその代表的な論客である。彼らの主張は以下のとおりであった。

清はたしかに女真という野蛮人が打ち樹てた国家である。だからといって、その文明・文化が野蛮であるということはできない。女真はすでに中華文明を学び、しかも新しい技術や文化を発展させている。国家の正統性が欠如している（野蛮人であること、明と朝鮮への侵攻）からといって、いつまでも怨恨を抱えたままそれを打倒しようと考えていても意味がない。たしかに朝鮮は明に対しては「再造之恩」がある。しかし明はすでに滅びてしまった。その滅びた明の儒教文明を継承しているからといって、現実的に朝鮮が清より優れているわけではない。朝鮮にはろくな技術がなく、舟も車も瓦も道もない。道がないから交通も未発達だ。これといった産業もなく、商工業は蔑視されているので原始的な状態にとどまっている。貨幣も流通せず、商店もほとんどない。朝鮮は清より劣っているだけではない。朝鮮通信使として日本に行った士大夫の話では、日本の工業の技術は著しく発展しているし、国家もゆたかだという。しかし朝鮮の両班たちはそんな現実を見ることは一切せず、無為徒食に明け暮れている。口を開けば「わが国の文明はもっとも高い」と自慢をするが、清の高度に発達した文明をなにも知らないからそんなことがいえるのだ……。

これが、北学派たちの東アジア認識であった。彼らはみな燕行使として実際に燕京（いまの北京）に滞在した経験があり、また清での最新文物の見聞を正確に共有していた。ところが、清での見聞を士大夫たちに披露して、「いまやわが国も清に学ばなくてはならない」といおうがものなら、士大夫たちはみな立ち上がって、大いに笑う。「清からなにを学ぶというのか」というのだ。「わが国の士大夫たちはみな、特殊な色眼鏡をかけているので、現実を見ることがまったくできない」と朴斉家はいう。

北学派は単に当時の朝鮮士大夫を批判したわけではない。商工業の振興策や社会のインフラ整備など、当時として考えうるもっとも広範囲で抜本的な社会改革案を提示した。特にもっとも急進的だった朴斉家は、王に朝鮮改革案を提示して実行を迫った。

だが、北学派はあまりにも急進的な改革を提起したことと、当時の朝鮮における清認識とあまりにもかけ離れた認識を提示したことにより、彼らの改革案は実現されることはなかった。朴斉家も結局は現在の北朝鮮最北東部に配流されてしまったのである。

プレモダン化するポストモダン

わたしの考えでは、朝鮮がもし内発的発展をするのであれば、十八世紀後半の時点でこの北学派の主張の路線をとるべきであった。それしか道はなかった、といってよい。だが、朱子学的正統主義の壁は分厚く、結局、朱子学一辺倒の老論派によって北学派は打倒されてしまった。

これとともに、約一世紀後、朝鮮王朝末期に出現した開化派もまた、朝鮮の近代化への強力な道筋を創造しうる勢力であった。しかしこの開化派もまた、短い活動期間の果てに挫折する。

韓国で近代化が至上命令だった時代には、北学派や開化派は高く評価された。だが、その評価は、ポストモダンの時代にはいるとともに、急速にしぼんでしまった。もはや韓国において、「韓国が自力で近代化できたか否か」というのはそれほど切実な問題ではなくなったのだ。それよりも、「近代の弊害」のほうに関心は急速に集まるようになり、北学派や開化派よりも東学のほうに積極的な意義を見出す言説が増えたのである。

過去の思想の評価は、あるていど、現在の価値によって左右されるのは当然だ。だから右のような状況に対しても理解はできる。

だが、ここにはもうひとつ重要な問題が含まれている。

それは、社会を変革するうえでなにがもっとも重要であるか、という価値に対して、韓国ポストモダンは、プレモダンに回帰している、という点である。

どういうことだろうか。

近代に抑圧された道徳の復活

そもそも近代という公案は、韓国にとってもっともむずかしい問題のひとつであった。この問題にきちんとした答えを出す前に、韓国はポストモダンを迎えたと認識された。脱近代の高みから近代を批判する視座の獲得は、近代というアポリアをいまだ解決できていない韓国にとって、好都合なことであったにちがいない。

ここに日本との違いがある。つまり韓国のポストモダンは、近代という暗黒の時代（内発的発展の失敗、帝国主義の侵略、植民地への転落、イデオロギーによる分断、軍事独裁、個人主義、自然破壊、資本主義の弊害……）に対する道徳的な裁断という性格を強く持っていた。日本のポストモダンが脱道徳的な傾向を持っていた（傾向であって本質ではない）のとは反対に、韓国のポストモダンは、近代の時代に抑圧された道徳性の十全な復活という側面を持つのである。

だから、この視座においては、「近代化のためには道徳的正統性ではなく、合理的な世界観が必要だ」という、韓国の士大夫型知識人エリートにとってはもっとも頭の痛い命題を巧妙に回避できるのである。つまり、「北学の軸」という厄介な論議を排除できるのである。

なぜ「北学の軸」が厄介であるかというと、この軸には道徳的正統性がないからである。朝鮮を侵略した清に臣従するという屈辱にもかかわらず、北学派は「清に学べ」というふざけた主張をした。これほどの道徳的正統性の欠如があるだろうか。朱子学的士大夫なら当然、「清に学ぶべきものはない。われら朝鮮のほうが道徳的に上である。なぜならわれら朝鮮こそ中華だからだ。野蛮で不道徳な清を伐たなくてはならない」という文明的な立場に立つべきである。……このような正統性の観念を、解放後の韓国の士大夫型知識人エリートも強烈に持っている。

北学派が唱えたのは、道徳的正統性に固執する朝鮮士大夫たちへの強烈な批判である。朝鮮経済は未発達のままで、民衆は塗炭の苦しみを味わっている。それなのに士大夫エリートたちは清に対する怨恨と自らの儒教的文明の高さの自負に浸っている。正統性とはそういうものではないだろう。民衆の生活水準を上げ、それぞれの生業が発展するような政策を行い、国が繁栄することによってその政権の正統性が確保されるはずだ……。

しかし、このような発想は、朱子学的世界観からは「功利主義」といって厳しく糾弾されるのである。というのは、朱子学は徹底的な動機主義だからである。あらゆる行為はその動機の道徳性・純粋性こそがもっとも重要なのであって、結果が重要なのではない。結果がよくなることを目論んで行為をすること自体、動機の不純さを表しているのだから、朱子学的にいえば間違っているのである。

だから正統性も、近代化を成し遂げたとか、経済発展をした、というような結果がもたらすものではない。あくまでも、正しいものを守り邪悪なものを排除するという朱子学的な道徳意識を動機とする場合にのみ、その行為者に道徳性があるといえるのだ。これが士大夫型知識人エリートの思考である。

したがって、韓国左派の正統性観念も、朴正熙政権が韓国を経済発展させたという事実は一切評価せず、知識人や民衆がどれだけ邪悪なもの（日本、帝国主義、軍人出身政権、米国など）と闘って正義を守ったか、という動機の純粋性のみを評価するのである。となると当然、この立場からは韓国の正統性よりも北朝鮮の正統性のほうが高い位置にあると判断せざるをえない。韓国は日本や米国に譲歩したり妥協したり、ある意味、「売国」的態度を示したりしてきたが、北朝鮮は一切そのようなことをせず、民族の主体性を固く守ってきたとされるからである。北朝鮮の民衆が飢えているという事実よりも、帝国主義と孤独に闘っているという道徳性をより重視すべきだ、という考えである。韓国左派が北朝鮮につねに負い目を感じているのは、このためである。

「サムスンこそ実学」

もちろん、韓国の世論を形づくっているのは、士大夫型の知識人エリートだけではない。テクノクラートや企業家、サラリーマンなど、韓国社会や経済の実質的な担い手たちのなかには、きわめてプラグマティックな世界観の持ち主が多くいる。いや、むしろ多くの韓国人は明快な利益・欲望追求型だといってよい。だから表面的にしか韓国人とつきあったことのない日本人は、「韓国人は道徳志向的だ」という命題に違和感を覚えるかもしれない。目の前にいる韓国人は実に率直な経済的利益追求・上昇志向型の人間が多いからだ。しかしそれは、やはり韓国人の表面を見ているにすぎない観察だといえる。

もっとも大きな問題は、大メディアやアカデミズムの人間に、「東学の軸」の信奉者、つまり道徳的正統性の信奉者が多いということである。したがって、メディアの報道やコラムには、道徳的正統性の言説が溢れている。この傾向はハンギョレ新聞などの左派メディアや左派学者において特に著しい。

これに対して保守メディアとされる朝鮮日報、東亜日報、中央日報は、左派メディアに比べると「北学の軸」つまり合理性や経済的利益の追求の軸も強い。だからこれらの保守メディアを見ると、日本に対する道徳志向的な糾弾とはまったく異なるあからさまな利益追求の言説に多く接することができる。だがこれらの保守メディアも、日本に対するとなると「北学の軸」を出すことはできないので、道徳的正統性の言説が中軸となる。日本人が韓国保守新聞の日本語版を読んで混乱するのは、このためである。

先日、韓国の哲学研究者と話していたら、「サムスンこそ実学だと思う」という言葉が出てきた。サムスンはいわずとしれた韓国第一の大企業である。この企業の風土は、戦略のなさなのだとこの哲学研究者はいう。いや、サムスンという巨大グローバル企業に戦略がないわけはない。ただ、サムスンの戦略は、いまという時点で世界最先端の要素を、世界中のどこからでもいいのでなりふり構わず探し出してそれらを組み合わせて解とする、というものなのだそうだ。だからよい意味でいえば柔軟性が異様に高く、悪くいえば節操がない。

しかしこのやり方が世界での競争に勝利しつづけているのは事実だ。サムスンに比べれば、ほかの企業はまだ社風や型や文化や伝統などにこだわっている。そんなものをすべてかなぐり捨てて、世界最高・最先端のものだけをひたすら追求するという究極の合理性こそ、ほんとうの意味の実学だ、と彼はいうのだ。

韓国の二重性

サムスンがもしほんとうにそういう企業なのだとしたら、それはここでいう「東学の軸」とは正反対のものであろう。道徳的正統性などというものには一切こだわらず、日本のものであれどこのものであれ、最高水準であればすべて取り込む。

韓国経済を牽引してきたのは、実はこのような合理精神、効率性追求、節操のなさ、正統性の否定なのである。しかしこの軸は、韓国の主流を占めている士大夫型知識人エリートからは忌み嫌われる。韓国経済の主役である大企業が、韓国の道徳志向的な風土において決して高く評価されないのは、このためである。

韓国にはこのような二重性がある。つまり、一方で自国の発展のために経済合理性をフル回転させて日夜汗水垂らして働いている人びとがいるかと思えば、他方でそのような合理性を一切評価せず、ただひたすら道徳的正統性のみによってすべてを評価する士大夫型知識人エリートがいる。

そして重要なのは、このふたつは決して分離しているわけではないということだ。特に韓国で近代が終わりポストモダンが始まったと認識された一九九〇年代から二〇〇〇年代以降、それまで「北学の軸」を柱としていた人びとの心のなかにも、ひたひたと「東学の軸」が侵食し、表面上は合理性を追求しているように見える人びとも、実は内面的には道徳的正統性のほうが重要だと思考するようになった。

これこそが韓国人の「士大夫化」という現象であり、士大夫化が左傾化となんら矛盾しない論理的理由なのである。

第3章　日韓相互の眺め合いに対する解釈

1　韓国人は「反日的」なのか

暴力的な問いに対する、暴力的な答え

本章では、日韓の「眺め合い」にまつわるさまざまな問題を検討する。そして、わたしたちはいつまでも互いを誤解し、非生産的な議論ばかりを繰り返していてはいけない、という思いから、「日韓モデル」というわたし独自の提案をしてみる。

まず、韓国人の日本認識について述べよう。

日本の一部には、「韓国人は反日的だ」という強固な認識を持っている人たちがいる。そしてたい

ていの場合、そのあとには「だから韓国人は嫌いだ」とか「だから韓国人とは仲良くなれないと思う」などという否定的な見解が続くことが多い。

「韓国人は反日的だ」という命題は、一見単純なようでいて、これを証明したり否定したりするのは実はかなりむずかしい認識である。

この命題における「韓国人」という言葉が何を指しているのかをまず明確にしなくてはならないし、また「反日的」という言葉の意味も明確にしなくてはならない。

このことを明瞭に示すのは実は困難であるから、たいていの場合は、世論調査の結果が言及されることになる。たとえば「世論調査の結果によれば韓国の成人男女の××%が『日本に好感を持たない』と答えているので、韓国人は反日的だ」というタイプの言説である。

しかし、日本の韓国研究者たちは熟知していることだが、このような設問での調査によっては、韓国人の日本あるいは日本人に対する意識を正確に把握することは実はまったくできない。世論調査などの形式ばった設問によって二者択一的に「あなたは日本が好きか」と問われた場合、「好きだ」と端的に答えられる韓国人はほとんどいないだろう。この設問には文脈がないからだ。一切の文脈抜きに「日本が好きだ」と答えることは、韓国社会ではいまだに躊躇される行為である。だからいくら世論調査をしても、いつも同じような答えが出てくるしかない。

日本あるいは日本人に対する韓国人の意識は、複雑である。それは主に、歴史的な経験の複雑性に起因している。植民地時代に日本あるいは日本人によって酷い目に遭った人たちやその子孫もいるし、逆に、日本あるいは日本人とのあいだのよい経験を持つ韓国人も実はかなり多い。

そのような複雑な意識を、世論調査の二者択一的な設問で問うということ自体がかなり暴力的な行為であることを、わたしたちは知っておくべきだろう。そして暴力的な問いに答えるとき、人はたいていの場合、自らも暴力的にならざるをえない。複雑さを一切捨象した「好きか、嫌いか」という問いを突きつけられたとき、人は、応答を拒否することももちろんできるが、拒否しない場合、いずれにせよ暴力的な二者択一的態度を取らざるをえないのである。

インプットの問題

たとえば二〇一五年五月に言論NPO（日本）と東アジア研究院（韓国）が共同で行った「第3回日韓共同世論調査」の結果を見てみると、七二・五％の韓国人が日本に「悪い印象」を持っている。「良い印象」を持っている人は一五・七％である（N＝1010）。

この数字をどう解釈すべきだろうか。

「良くない印象を持っている理由」を尋ねると、「（日本が）韓国を侵略した歴史について正しく反省していないから」が七四・〇％、「独島（竹島）をめぐる領土対立があるから」が六九・三％となっている（N＝732）。

つまり大雑把にいえば、韓国人のうち約半数が、歴史認識や領土問題のせいで日本に悪い印象を持っていることになる。

ただ、これは、正確な認識といえるだろうか。つまり、「(日本が) 韓国を侵略した歴史について正しく反省していないから」とか「独島をめぐる領土対立があるから」という認識は、どのていど正確なものなのか。第1章の図式でいえば、A1→C1 (Cは「日本に対して悪い印象」) のうちA1 (インプット) がどれほど正確であるかが、わからない。それを判断するには、また別の問いが必要であるにちがいない。すなわち、「日本人が歴史に対してどのていど反省しているのか、そしてその反省がどのていど『正しい』のか」ということに対する回答者の知識と判断を、別個に質問しなくてはならないだろう。領土問題についても同じである。

つまり、この種の調査というものは、ある認識がもたらされた根拠 (情報・知識) の部分の正しさを問わず、ただ単にイメージのみによって形成された認識も大量に混在したまま、暴力的に「良いか、悪いか」「好きか、嫌いか」という二分法的な認識を決定することを強要する、という性格を持っている。このような認識を根拠に、わたしたちはなにかを語ることができるのだろうか。

先に述べた、「日本人が歴史に対してどのていど反省しているのか、そしてその反省がどのていど『正しい』のか」ということに対する韓国人回答者の知識と判断については、わたしたちは知るすべがない。もしかすると、韓国の新聞に書かれてあるような一方的で情緒的な「日本人は歴史を一切反省していない。ドイツとは大違いだ」というステレオタイプの言説を鵜呑みにしているだけかもしれない。もしそうなら、そのような一方的な知識の土台のうえに、「(日本が) 韓国を侵略した歴史について正しく反省していない」「だから日本は嫌いだ」という認識が構築されるのは、ある意味で当然だといえるだろう。つまりこの場合、A1↓C1の「A1」は誤りだが、「↓」は異常ではない、といえる。

おおむね正常な思考回路

このことを考えるうえで、この「日韓共同世論調査」はひとつの仕組みを導入している。回答者が相手国に対してどのような基礎知識を持っているのか、という質問を別途にしているのである。これがかなり興味深い。

「相手国の社会・政治体制のあり方に関して」という質問で、韓国の回答者の五六・九%が日本を「軍国主義」だと答えており、これがもっとも多い。次に「資本主義」三八・九%、「国家主義」三四・三%、「覇権主義」三四・三%、「民族主義」三一・五%、「大国主義」二六・五%と続く。「民主主義」は二二・二%に過ぎず、以下、「自由主義」一五・〇%、「社会主義」一一・二%、「国際協調主義」六・一%と続き、もっとも少ないのが「平和主義」でわずかに四・二%だ。

この数字を見て、「これこそ日本の姿そのものだ」と思う日本人がどれほどいるだろうか。現在の安倍政権に反対する人びとの一部や日本共産党支持者などは、おそらく右のような数字と似たような認識を示すかもしれない。しかしそれは政治的な認識なのであって、現実を正確に把握しているとはいえないだろう。つまり、韓国人の日本認識は、日本でいえば共産党や左翼の政治的な日本認識と似たようなものであるといってよい。

このようなある意味で「虚構」ともいえる政治的認識にもとづいて、韓国人は日本に対するイメージを形成しているといってよいだろう。

そこで、冒頭の問いに戻る。「韓国人は反日的なのか」という問いである。

これに対して、わたしは次のように答えたい。「韓国人の日本に対する好悪の判断は、おおむね正常である。ただしその好悪の判断を構築する土台となる日本認識は、実態とはかけ離れている。実態とはかけ離れた認識からおおむね正しく構築された好悪だといえる」と。つまり、これほど実態とかけ離れた認識を土台にするなら、隣国の人間として当然、日本に対する「好」の感情は湧いてこないだろう。その意味で感情的にはおおむね「正しい」反応をしているということだ（もちろんすべてが正しいとはいわない。どんなインプットに対しても「反日」というアウトプットしか出てこない思考回路もある。またそもそも韓国人の思考回路は道徳志向的な傾向を強く持っているので、認識の構築および摂取の仕方自体に道徳志向的なバイアスが強くかかっている）。しかし、そもそもその認識は実態とはかけ離れているのだから、その部分が変われば、日本に対する感情も変わりうる可能性があるということだ。

対日感情の構成要素

だが、「変わりうる可能性」がほんとうに「変わる」につながるのだろうか。

「日本の社会・政治体制のあり方」に関しては、韓国人の認識は実態からかけ離れているといってよい。だがそれは、韓国人が日本に対して「良くない印象を持っている理由」である「（日本が）韓国を侵略した歴史について正しく反省していないから」および「独島をめぐる領土対立があるから」とは、別の認識だ。

大雑把にいえば、韓国人の日本に対する好悪は、「日本社会に対する軍国主義的・覇権主義的な認識」と、「歴史認識・領土問題に対する否定的な認識」の双方を源泉としている。

前者は多分に日本社会に対する誤解が混入した認識だが、後者はそれとは性質が異なる。日本社会が植民地支配に対して充分に反省し、若い世代にきちんと教育しているか否かに関しては、多くの日本人が疑問を呈するであろう。特に教育に関しては、惨憺たる状況だといってよい。また領土問題は実際のところ存在するわけなので、それを焦点化する度合いが日本よりもずっと高い韓国においては、これをもって否定的な感情形成に直接結びつける傾向が著しく強い。しかし領土問題は互いに言い分があってどちらも譲らないのだから、これに焦点化して相手国への好悪に結びつけることはやめたほうがいい。

結論的にいえば、韓国人の対日感情は、①韓国側がその誤った認識を正すべき点と、②日本側がむしろ改善すべき点と、そして③過度に焦点化すべきでない点を焦点化しすぎている点、の三つによって形成されているといえるだろう。

韓国新聞のウェブ日本語版

このうち①に関しては、日本から特に批判と憂慮の声が高い。韓国の新聞が載せる記事やコラムなどが、日本に対する著しく一面的な見方を増幅しているのではないか、という批判である。

特にこの十年ほど、日韓間のさまざまなフォーラムやシンポジウム、セミナーなどで必ずといってよいほど「韓国メディアの日本に対する歪んだ視点」がテーマや話題になる。

たとえばある会合では、日本側の出席者が韓国側に対して、「韓国の大新聞というのは、日本でいえば週刊誌のような報道をする」という発言をして、韓国側が強い不快感を表した。だがこの日本側の発言は、かなり的を射たものだ。つまり、日本では大新聞が書かないような憶測の報道、偏見に満ちたコラムなどを、韓国の大新聞は日常的に載せる、というのは事実なのだ。

逆にいえば、日本では大新聞はお行儀が良すぎて乱暴なところがないかわりに、週刊誌が果敢に危険を冒して報道する、という役割分担ができているのに対し、韓国では週刊誌の地位が日本より格段に低いこともあり、日本の週刊誌の役割の一部を大新聞がカバーしているというのは、事実なのである。

韓国メディアの日本に対する歪んだ視点が、この十年くらいのあいだ特に日本側からの批判にさらされているのには、やはり韓国の新聞がウェブの日本語版を充実させたことと関連がある。それまでは韓国の新聞の内容を知ることができなかった一般の日本人が、ウェブで日本語版を自由に読むことができるようになって、その日本関連の報道やコラムに強い違和感を持った、ということが大きい。

二〇〇八年ごろだったが、ある日本の会社員（中年の男性）はわたしに、次のように語った。

「自分は韓国ドラマやK‐POPが大好きで韓国に関心を持つようになった。そしてネットで韓国の新聞の日本語版を読むようになった。そこに出ている日本関連の記事やコラムがあまりにもトンデモ説ばかりなので最初はおもしろく思って読んでいたが、やがて嫌悪感が生じ、いまでは完全に嫌韓になった。どうして韓国の新聞は日本に関して執拗に悪し様な記事を書き、またなんでもかんでも日本と韓国を比べて競争意識をあらわにするのか……。あまりにも不快なので毎晩仕事から帰ってくると深夜まで韓国メディアの日本語版を熱心に読んで、時間を忘れるほどだ」

おそらく、読んでいるだけでなく、否定的なコメントを書き込んでいたりもするのだろう。このような人がわたしのまわりにも急に増えたのが、この十年ほどの変化だといえるだろう。

ただ、変化はそればかりではない。韓国人の研究者による、次のような分析もある。韓国の報道の姿勢を深く憂慮した日本側は、国際交流関係の組織を中心として、十年ほど前から韓国メディア記者の日本滞在プログラムを実施しているが、これが効果を上げてきており、このプログラムで日本に滞在した経験のある記者たちはおおむね日本に対して好印象を持つようになり、自分の書く記事やコラムにそのことが反映されつつあるとのことである。

これは大変よい傾向だ。実態以上に日本を持ち上げる必要はまったくないが、等身大の日本社会を韓国メディアは韓国人に伝えるべきだ。韓国メディアは往々にして、自国の批判や改革のために日本を必要以上に理想化して描くということもする。これは読んでいて気持ち悪い類の文章だ。自己の目的のために日本を手段化して、実態とは無関係に理想的に描いたり貶めて描いたりしてもよいのだ、という前提から是正しなくてはならないだろう。

2　嫌韓論調

ベストセラーになった嫌韓本

次に、第1章でも取り上げた、嫌韓について述べよう。

嫌韓が日本の保守・右翼に幅広く受け入れられてきたのが、この十年ほどの日本における韓国認識の変化だといえる。特に二〇一二年夏の李明博《イミョンバク》大統領（当時）による独島（竹島）上陸と、「天皇は訪韓して謝罪したらよい発言」によって、日本の嫌韓論調は節操がなくなるほど激しくなった。

二〇一三年から、日本の書店にはいわゆる嫌韓本がずらりと並び、ベストセラーの一角を占めつづけることになる。それらの書名の一部を挙げるなら以下のようなものだ。タイトル自体がおぞましさを超えて滑稽ですらあるほど反知性主義的だ。『悪韓論』（室谷克実著、新潮新書、二〇一三年四月刊）、『呆韓論』（室谷克実著、産経新聞出版、二〇一三年十二月刊）、『犯韓論』（黄文雄著、幻冬舎ルネッサンス新書、二〇一四年三月刊）、『韓国人による恥韓論』（シンシアリー著、扶桑社新書、二〇一四年五月刊）、『韓国人による沈韓論』（シンシアリー著、扶桑社新書、二〇一四年九月刊）、『立ち直れない韓国』（黄文雄著、扶桑社、二〇一四年十月刊）、『「反日韓国」の自壊が始まった』（呉善花著、悟空出版、二〇一四年十一月刊）、『終韓論』（黄文雄著、ベストセラーズ、二〇一四年十一月刊）、『韓国人が暴く黒韓史』（シンシアリー著、扶桑社新書、二〇一五年三月刊)、『韓国人による震韓論』(シンシアリー著、扶桑社新書、二〇一五年九月刊)、『韓国人による嘘韓論』(シンシアリー著、扶桑社新書、二〇一六年三月刊)……。

この当時、夕刊タブロイド紙は一面見出しに巨大な級数で反韓的なことを書くだけで飛ぶように売れた、という話をメディア関係者からわたしは聞いたことがある。

この異常なほどの嫌韓論調は、なにを示しているのか。

日本保守の認識の劣化

さまざまなことが指摘できるだろう。

第1章で語ったように、A↓Bのうち「A」(インプット)に問題があるのはもちろんである。しかしここでは、それとあわせて、別の角度からも分析してみよう。多分に「↓」(思考回路)にかかわる部分である。

まずなによりも明らかなのは、日本の保守側の韓国認識の極度の劣化である。強硬な嫌韓論調の基本的な認識は、実はさして目新しいものではない。それらに通底している韓国観をひとことでくくっていうなら、朝鮮民族の依存的・非主体的性質ということができるだろう。

韓国人は大国に依存している、韓国人は自分たちでものごとを考えられない、韓国人は日本のものをパクる、韓国人は自分たち独自のものを創造できない、韓国人はつねに党派的争いをして大局的な思考ができない、韓国人はなんでも他者のせいにして自分で責任をとらない、韓国人は結局は経済的利益のみを追求しているのであって道徳を重視するかのような言動は手段にすぎない、韓国人は歴史を正視できずにすべてを日本のせいにしている……。このような認識が、あらゆる強硬な嫌韓論調の骨幹をなしている。だがこれは、かつて日本が植民地統治をしたときに流布させた朝鮮停滞論と軌を一にしている認識群なのだ。新しいものはなにもない。

朝鮮停滞論は、正しい部分もある。歴史的な事実に照らして否定できない部分もあるのである。したがって日本の左翼や韓国側が主張するように「朝鮮停滞論は日本の朝鮮支配のための虚偽の論であり、全面的に間違いだ」ということはできない。朝鮮停滞論を否定したいという欲望がすぎると、「内発的発展論」（朝鮮は西洋や日本からのインパクトがなくても、朝鮮王朝の社会構造のなかから近代化・産業化へ向かっての内発的発展をすることができた）のような、歴史的事実とは異なる理想論が生まれてしまう。

戦前に回帰する論調

だが、朝鮮停滞論を全面的に肯定することはもちろんできない。それは朝鮮・韓国社会が経験した事実のゆたかな文化的・文明的意味を捨象してしまう議論だからである。戦後の日本の保守側の議論も、戦前の単純な停滞論からは脱皮して、韓国社会の多様性と韓国の置かれた文明論的文脈を重視する認識に転換したはずではなかったのか。

たとえば朝鮮王朝が中国の明・清に対して朝貢したのは、朝鮮が非主体的だったからではないだろう。軍事的に中国と対抗することによるリスクを熟知していた朝鮮王朝は、高麗の轍を踏まずに朱子学による文治を徹底したのだといえるだろう。そして第2章で述べたように、朝鮮王朝の執権党である老論派は、単に清に服従していたのではなく、精神的な優越感の土台のうえに、北伐（清を伐つ）を党是としていた。

その朝鮮王朝の困難で貴重な経験を、「文弱」として貶めたのは植民地時代の日本による停滞史観であり、解放後の北朝鮮の金日成および韓国の朴正熙による史観であった。しかし戦後の日本が米国の庇護のもとに非軍事路線を堅持してきたことにより、朝鮮王朝の文治・平和主義路線に対して戦前より多くの理解（必ずしも賛同でなくともよい）が蓄積されたはずである。朝鮮王朝に対して否定的評価一辺倒であった戦前に比べると、近年の朝鮮王朝に対する日本での肯定的評価の増加は、戦後日本の外交路線を考えるとあるていど納得がいくものである。

つまり戦後の日本においては、韓国・朝鮮の歴史的経験に対するより深い理解が蓄積されてきたのである。それなのに強硬な嫌韓論調は、その蓄積を一蹴するかのように、もののみごとに戦前の朝鮮停滞論に回帰してしまっている。

とすると、強硬な嫌韓論調で韓国の従属的性格が強く蔑視されていることと、近年の日本保守の一部が対米追随路線でない自主路線を現実的に議論していることのあいだには、なんらかの思想的つながりがあるといってよいのかもしれない。

いずれにせよ、近年の強硬な嫌韓論調に顕著に表れているのは、戦後の日本における韓国認識の蓄積を根底から否定する反知性主義的な傾向である。これを韓国認識の劣化と呼んでもなんら問題はないだろう。

「政治が悪いから夫が浮気した！」

嫌韓論調が示しているのは、それればかりではもちろんない。

日本における強硬な嫌韓論調を主導している人びとのなかに、呉善花のような韓国出身者が含まれていることは、次のことを示していると思われる。

これらの論者たちは、「個人的な不満を全面的に国家のせいにする」という強い傾向を持っている。個人的な不満とは、自分がさまざまな理由で韓国社会から充分な理解と敬意を得られない、といったことである。

たとえば韓国では、韓国のしかるべき大学を卒業していない人間（特に女性）が社会の世論をリードするような論客になったりすることはほぼありえない。特に韓国の高校を卒業して日本の大学に入学・卒業したような場合、そのことをもって誹謗されることがある。「韓国の名門大学を出ているわけでもない人間がどうして偉そうなことをいえるのか」という強固な「国民感情」である。

このこと自体は韓国の一種の病弊であるから、正してゆかねばならないし、そのような扱いを受けた人間はもちろん正々堂々と異議申し立てをしてゆくべきだ。

ただ、そのような異議申し立ては、韓国社会の構造を正確に分析したうえで、その間違った部分を客観的に正すべきであろう。不満を解消するために、「全面的に国家が悪い」という論旨を採用するのは、あきらかに間違っている。韓国出身者が日本のメディアで「韓国という国家が全面的に悪い」という還元主義的な論を展開するのは、嫌韓派にとっては都合のよいことなのであろう。しかしそれは、反日的な韓国人が「日本という国家が全面的に悪い」という還元主義的な論を執拗に展開するのと同じ思考様式なのである。

韓国の新聞のコラムに、「最近の韓国は、自分の夫が浮気をしたといって妻が青瓦台の前に行って『朴槿恵《パククネ》大統領出てこい！　あんたの政治が悪いから夫が浮気した！』と騒ぐような時代である」という文章があった。もちろん冗談であるが、このコラムの文は、「雨が降らないのも作物が枯れたのもすべて王が悪いからだ」という儒教的な最高権力者への責任還元主義と、個人的な問題まですべてを国家の問題に還元してしまう思考回路が極点に達している現代韓国社会の病弊をうまく表現している。

このように、個人の不満まですべてが「国家のせい」だと考えるある意味で全体主義的で反知性主義的な思考様式が、韓国だけでなく日本でも訴求力を持っていることに、わたしは注目したい。もしかすると日本社会は、いま、韓国社会化しているといってよいのかもしれない。二〇一五年夏の日本における安保法制論議の最中に、日本の一部勢力が「すべて（悪辣でアホな）安倍政権のせい」という著しい還元主義的言説を振りまいたこと、そしてそれをあたかも民主主義の進歩であるかのように論じる者がいたことを、わたしは心から憂慮している。安保法制の議論は、第一義的には日本の安全保障をめぐる冷徹な認識にもとづいてなされなくてはならないはずなのに、「すべて安倍政権が悪い」というような還元主義に陥っている低レベルの議論を擁護する日本の左翼陣営の思考は、根本的に嫌韓論調と同じ反知性主義なのである。

つまり、現在の嫌韓論調はそれだけが独立した世界観だというよりは、左翼の還元主義や韓国の還元主義などとも連関性のある思考様式なのだといったほうがよいのである。

3 「日韓モデル」の構築を

発想の転換

このように反日と嫌韓の閉鎖回路にはいりこんでしまった日韓の関係だが、このまま放置しておいてよいわけはない。

それではどうすればよいのか。

さまざまな処方箋やプロジェクトがいろいろなところで準備されていることだろう。わたしもまた、日韓関係を修復するためのプロジェクトを考えている。それは「和解と繁栄と平和のための日韓モデル」というものだ（韓国側から呼ぶときは「日韓モデル」ではなく「韓日モデル」となる）。

以下は、韓国日本学会第92回国際学術大会（二〇一六年二月十三日、ソウル）の基調講演においてわたしが語った内容である。日韓関係を抜本的に変えるためにどうすればよいか、ということに対するわたしなりの見解である。幸いソウルの聴衆からは大きな肯定的反応を得た。「こういうことを日本人にいってほしかったのだ」という反応もあった。日本の読者のみなさんのご批判を仰ぐ次第である。

わたしはひとつの思考実験をしてみたいと考える。

これは、いままでの日韓関係を完全に新しく解釈しようという試みである。具体的には、「一九六五年以降の日韓関係を最大限、肯定的に見てみると、はたしてどのような光景が見えるのか」という試みをすることである。

わたしがこのような試みをしようとする理由は、大きくいってふたつある。

ひとつは、日韓関係がよくなるかのような兆しを見せながら、結局ふたたび悪化するという回路が繰り返されている現状を、強く憂慮するからである。

もうひとつは、いまの世界の状況を眺めながら、わたしたち日韓両国の人びとが世界に貢献できる道があきらかにあるにもかかわらず、それをみずから放棄しているのではないかという反省が必要だと考えるからである。

このような理由からわたしは、「和解と繁栄と平和のための日韓モデル（韓国側では韓日モデル）」という、ひとつの理念型（Idealtypus）を提唱したいと思う。

二〇一五年十二月二十八日に、日韓両政府のあいだで慰安婦問題に関する合意が発表された。わたしは、大部分の日本人は慰安婦問題に関して心のなかで、「申しわけない」という気持ちを持っているると考えている。九〇年代の日本人はあきらかに、いまよりももっと強い謝罪の気持ちを持っていた。しかしいつのまにか、そのような気持ちを公的に表明する人は少なくなり、かわりに「慰安婦問題というのはもともとは存在しなかったものを捏造したものだ」などということを公的空間で堂々と主張する人まで登場した。

韓国国内では日韓政府間合意が発表されたあと、強力な反対意見が提起された。当事者の心を忖度せずに一方的に「合意」を通してこの問題を最終解決しようとする態度は、あきらかに暴力的である。したがって合意に反対する人びとの心をわたしもまた充分に理解することができる。むしろわたしも、心情的にはともに「合意反対」を叫びたいという思いすら持つ。

しかしかろうじて得られた合意をここで完全に覆してしまうなら、おそらく、日韓関係は不可逆的にこなごなに破壊されてしまうだろう。それだけではない。安倍政権が公式的に責任を痛感し、謝罪したという事実をあまりにも軽く考えてはならない。これは政治的にきわめて重い決断だったためである。もちろん安倍首相本人が直接謝罪しなくてはならないし、今後日本政府がやるべきことは多いのではあるが。

いずれにせよ今後もこの問題に関しては、ひきつづき激烈な論争が続くだろう。

このことも含めて、日本と韓国・中国とのあいだの歴史認識をめぐる摩擦は、領土問題や北朝鮮問題とともに、東アジアにおけるもっとも大きな不安定要因のひとつであるといってよい。

「やはり、歴史問題の解決は不可能なのか」。そのように、わたしたちの気持ちは萎えてしまう傾向にある。

しかし、ここでは、それとはまったく異なる認識を提示してみたい。

歴史問題に関してわたしたちはこれまでたくさんの努力をしてきたのだが、まだわたしたちの努力が足りない側面があるのである。

それは、歴史に対する「解釈」あるいは「認識の枠組み」の側面である。

日韓の歴史学の成果がいかに進展しても、それをなかなか現実問題の解決に結びつけられないのは、歴史学自体があらかじめ「右」と「左」にきれいに分かれてしまっているために、歴史に対する「新しい解釈」が生まれにくいという理由もあるだろう。

わたしたちはここで「解釈の枠組み」を変えてみる必要がある。「右」でも「左」でもない、新しい解釈の軸を打ち出していく必要がある。

それは、戦後七十年のあいだに日韓が行ってきたことを最大限肯定的に評価してみることである。そしてそれを、「和解と繁栄と平和のための日韓モデル」とでも名づけて、世界に打ち出すことである。

難民・移民の流入とイスラーム勢力の伸張によって、「失敗」があきらかになりつつあるヨーロッパに比べて、東アジアはあきらかに（近代的な意味では）「成功」しつつある地域なのである。

この現実を正確に、虚心坦懐に把握する勇気が必要なのではないだろうか。

いつも「ヨーロッパが先を行っており、東アジアは遅れている」と考えていると、現実を正確に見ることができなくなり、懸案問題の解決も遠ざかってしまう。いつも「ヨーロッパは立派であり、東アジアはダメだ」と自虐的に考えるなら、ある意味で気楽ではあろう。しかしわたしたちは、世界に対してより多くの責任を担う立場に、すでに立っているのではないだろうか?

たしかにヨーロッパはかつて、先を行っていた。しかし、それはヨーロッパ「内部」のできごとである。かつてヨーロッパが支配し侵略した「外部」とのインターフェースが増すに連れ、「失敗」と「退行」があきらかになりつつあるのではないだろうか。

それに比べて東アジアでは、一九六五年以降、かつて侵略した側（日本）と、された側（韓国）が、まがりなりにも対等な関係を構築しつづけてきた結果、いま、「成功」と「進歩」があきらかになりつつあるのではないだろうか。

だがわたしたちの歴史認識は、ふつう、歴史をそのように見ることを強く忌避する。東アジアこそ典型的な「失敗の地域」である、と認識するのが「正しい見方」である。

しかしわたしたちはものごとをより正確に見ることにより、「われわれ東アジアこそが世界の最先端を行っている」と果敢に考えてみることから、始めてみてもよいのではないだろうか。

「歴史問題に対する完全な合意もまだできていない状態で、なにが日韓モデルだ」という批判が当然、提起されるだろう。それはわたしも充分に理解している。日本と韓国がこれまで積み上げてきた和解と繁栄と平和のための努力が、理想的であったし成功したなどと、厚顔無恥な態度で主張したいわけでは決してない。たくさんの困難と摩擦、紆余曲折があったにもかかわらず、歴史問題の解決と共同の繁栄、平和に向けてそれなりに多くの努力をしてきたことが、日韓両国の関係であった。そのように発想を転換してみてはどうかと考える次第なのである。

そして慰安婦問題などの歴史問題をさらに進展させるためには、まずわたしたちがこれまでやってきたことをきちんと認識し、これに対してあるていど自信を持つという土台のうえにそれをしなくてはならないのである。

わたしたちが困難とともにやってきたことを、「なんの価値もない」と否定しつづけるだけなら、百年、二百年経ってもわたしたちはおそらく、なにも得ることができないまま、互いを誹謗しているだろう。あまりにも自信がないから、そうなるのだ。

日本の右派が「慰安婦は売春婦だ」と叫ぶ姿は、わたしにはあまりにも哀れに感じられる。自分たち自身にあまりにも自信がないので、他者を傷つけているのだ。わたしたちはそのような人びとに、次のように語るべきだろう。「日本と韓国は慰安婦という存在を世界に広く知らせた。このことにより、世界の女性人権問題に大きく貢献した。そして日本は、苦痛を受けた方々になんども謝罪をしたし、ほかの措置も行った。もちろん『(日本の努力は) まだ大いに不足だ、国家賠償をしなくてはならない』と韓国人は主張しているが、それでも戦時女性人権蹂躙問題によって国家が謝罪したというのは、世界の歴史上ではじめてのことである。そのことを恥だと考えてはならない。むしろ日本と韓国がこのような困難な問題を解決するために、ともに苦しい努力をしてきたのだという事実に、自信を持たなくてはならない」と。

わたしはそのように考える。

東西同時に起こる「対抗近代」

まずわれわれは、いま、東アジアと西洋で同時に起こっている事態を包括的に理解する必要があるのではないだろうか。

いいかえると、いま東アジアと西洋で起こっていることは、完全に連動しているのである。西洋でたくさんの移民と難民が生まれていることと、東アジアにおいて歴史問題が困難に陥っていることは、いってみれば同じ動きだと考えることができる。このことをきちんと認識するためには、「近代」の意味を再び考えてみる必要がある。

いま、洋の東西で同時に起こっていることは、「対抗近代（Counter-Modernity）」とでもいうべき動きである。ヨーロッパは、自らが産み出した「近代」という思想に対して甘く見すぎているのではないかという疑問が湧く。近代は、すべてである。「平等と自由」の軸、「平等と差別」の軸の両方がある。欧米と日本以外の世界にとっては、近代とは「怨嗟《えんさ》の近代」である。だが、欧米は自らの「成功」と、東アジアの「失敗」を対比したがる。

しかし、それは間違った認識ではないか、というのがわたしの考えなのである。むしろ逆に、いま、「東アジアの成功」と「欧米の失敗」があらわになりつつあるのではないか、というのがわたしの視角である。現在の世界は、それを隠蔽しようという欧米の戦略の崩壊過程であるように、わたしには見えるのである。

「対抗近代」は、「近代への反発」と「近代へのあこがれ」を同時に内包している。一度は思いきり自由を満喫し、平等を実現し、欲望を解放し、自然を破壊し、ゆたかになりたいという憧憬がある。グローバリズムはそのような欲望、つまり一度は思いきり近代をやりたい、ヨーロッパになりたいという欲望である。そしてそれが不可能ならば、思いきり反近代、反ヨーロッパをやりたいということなのだ。これが普遍主義としてのイスラームに対する憧憬につながる。

韓国若者の「地獄朝鮮」

欧米と日本以外の世界にとって、近代とは「怨嗟の近代」であった。植民地化と被侵略の時代であった。植民地支配され、国民国家を持つことができなかった。第二次大戦後に独立を達成しても、旧宗主国による支配は事実上続いたし、多くの国家は破綻した。かつて欧米が支配した地域はほとんどすべて、「国家を持てなかった怨み」と「国家を持ってもうまくいかなかった怨み」を抱いている。

そのような意味でいえば、東アジアこそ世界で唯一成功した地域だといっても誤りではないだろう。近代化、産業化という意味での韓国、中国、台湾の成功、特に韓国の経験を、世界に広く知らせる必要があるのではないだろうか。

最近、韓国の若者の一部で流行している「ヘル朝鮮」（第1章参照）という言葉を聞いて、わたしはほんとうに心を痛めた。大韓民国の人びとがいままで苦しみながら達成してきたことのなにがそんなに不満で、よりによって「地獄朝鮮」という認識を持つようになったのだろうか。もちろん韓国の社会構造や現実のなかで、若者層が経験する矛盾や負担は大きいといえる。

しかしわたしは、韓国の若者たちはもっと自信を持ってもよいと思う。これはもちろん、日本の若者たちにもいいたいことだ。もっと自信を持てば、他者に対してもっと開かれた姿勢を見せることができるのではないだろうか。

これまでわたしたちがやってきたことを肯定的に見る、ということは、保守的に見る、ということとは違う。日韓両社会のあまりにも大きい不平等や矛盾に対しては、たゆまず批判していかなくてはならないし、改革していかなくてはならない。だが批判や改革をまっとうにやるためには、まずバランスのとれた現実認識が必要なのだ。もしわたしたちがいま持っている現実認識があまりにも否定的なものであるなら、それを違った角度から見直してみるということが必要だということなのだ。

ヨーロッパの「歴史和解」

現在、中東やアフリカにおける国民国家の失敗が、大量の難民・移民を発生させている。ヨーロッパはこの事態に「人道」という概念で対処しているが、実はそこには経済的支配の構造があることは明らかだ。ここには、中東・アフリカという「外部」と対等な関係をつくろうとしないヨーロッパの欺瞞があるのではないか、という疑いを禁じえない。

ヨーロッパが「歴史和解」といっているものは、ヨーロッパの内部の話である。自分たちが植民地支配した相手（外部）とは、歴史和解は一切進んでいない。和解しないまま、「外部」を利用し、搾取し、底辺化しているのである。

このことへの怨嗟が、人びとをイスラームという普遍主義に向かわせている。国家を超えた普遍主義がかぎりない魅力を持つことになったのである。「二〇二〇年にフランスにイスラーム政権が誕生する」とか「イスラームによるEUが現実化するかもしれない」などという推測まで出てくることの背景には、このような事情がある。

これに対して、東アジアは、近代的な意味では、比較的うまくやっているといえる。そこでは、国民国家の成功と経済的成功があった。もちろんそれは、国民国家の弊害と資本主義の弊害を伴っており、また韓国も中国も分断国家であるから、「国民国家の成功」というには無理があるかもしれない。しかし東アジアは、分断国家や歴史摩擦という大きな問題を抱えながら、なんとかかんとかやってきたと考えることはできる。

中韓がもっとも隠蔽したいこと

近年、中国と韓国は歴史問題で抗日史観を共有して共闘して日本を攻めている。日本の保守陣営はそれを嫌い、反・抗日史観で対抗している。

日本の右派は、はじめは「日本の立場」を主張する勢力だったが、いつのまにか「反人道的」勢力となってしまった。もともと日本の保守は実証主義的な世界観を持っていたのだが、現在の右派は左翼と同じく「仮想道徳歴史」の信奉者となってしまった。「歴史はこのようにならなくてはならない」という道徳志向的かつ当為的な歴史観を、わたしは「仮想道徳歴史」と呼んでいる（拙著『歴史認識を乗り越える』講談社現代新書、二〇〇五、参照）。

俗に「敵対的共存関係」と呼ばれる、日本と中国・韓国の相互依存の関係が成立してからかなり時間が経つ。「安倍政権の最大の支持者は中国・韓国」といわれる所以である。

だが、抗日史観と反・抗日史観の敵対的共存関係をもっとも喜んでいるのが、ヨーロッパではないだろうか。なぜなら、「ヨーロッパの失敗」と「日韓の成功」をもっとも明確に隠蔽できるのが、東アジアの歴史認識問題だからである。「人道的歴史認識」が東北アジアの普遍性となる状況を、ヨーロッパにおけるイスラーム普遍主義の膨張と同じ枠組みで捉えようという態度である。

歴史認識が、韓国とか中国といった国民国家の枠組みから離れ、国境を超えて東アジアの普遍的価値となる過程であり、この「普遍的歴史認識」を打ち出す勢力のなかで中国と韓国がリーダーとなるのである。

このような意味で、中国と韓国がもっとも隠蔽したいのも「東アジアの成功」なのである。かつて侵略側だったヨーロッパと、かつて被侵略側だった韓国・中国の利害が一致したのである。中国と朝鮮半島を含んだ人口十五億の「怨嗟の共同体」が誕生し、拡大するのである。

「人道的歴史認識」という「普遍主義」が浸透することにより、東アジアがヨーロッパ化する。イスラームの普遍主義（反国家）と、中韓の普遍主義（人道）が同じ役割をすることになるのである。

日韓がなすべきこと

このような状況のなかで、日韓両国の人びとがなすべきことはなんだろうか。

それは、「東アジアの光と影」を世界が正しく認識するようにさせることだと、わたしは考える。歴史問題を解決するために両国がこれまでしてきた努力、すなわち「内部」ではなく、支配と被支配の「外部」的関係においてなしてきた和解の努力を、再認識することである。そしてそれを「日韓モデル」とでもいうべき、和解と繁栄と平和のシステムとして正しく概念化することである。

そして「和解哲学」というジャンルを創造することが重要である。和解の困難性、相互の摩擦、そもそも和解とはなにか……和解をめぐる日韓間の困難性の蓄積こそが、人類の財産だと考えるのである。日韓両国が、死者を（ほとんど）出さずにこの困難な問題に取り組んできた努力を、正しく理解することが大切だ。植民地支配や慰安婦問題に対しても、世界のモデルになるような努力をしてきたという自信を持つことが重要だ。日韓は決して欧米の後塵を拝していないという事実を、きちんと認識する必要がある。

もちろん日本による謝罪と反省はまだまだ足りないが、だからといって、いままで行ってきたすべての成果を覆しては決してならない。謝罪と反省を今後もさらに強くしていくためにも、いままでの蓄積を根本から否定してはならないのである。

もうひとつ重要なことは、北朝鮮問題を解決することである。なぜなら、北朝鮮こそ、東アジアにおける唯一の失敗国だからである。北朝鮮という巨大なひずみがあるので、日本と韓国の歴史和解がうまくいかないという側面がある。

「政権の正統性」という観念から見ると、「日本と決して妥協も和解もせずに強く当為的な主張を繰り返す、正統性のある北朝鮮」対「たやすく日本と妥協してしまう、正統性のない韓国」というわかりやすい図式の誘惑から果敢に脱却しなくてはならない。

そのためには、日本が北朝鮮と国交正常化をし、歴史問題に関する和解をしなくてはならない。そうしてこそ、「北朝鮮や韓国左派がより道徳的で正統性がある」という図式から抜け出すことができる。

日朝国交正常化を通して北朝鮮は必ず民主化するし、このことは未来の朝鮮半島統一につながるだろう。東アジア全体を成功の地域にすることができるのである。

戦略的思考が欠如する日本

「日韓モデル」を考えるとき、日本の役割をどのように考えるべきであろうか。

戦後七十年にわたって、日本の最大の特徴は、「国家意思の欠如あるいは不明瞭」ではなかったか、とわたしは考える。つまり、日本の「国家としてのあいまいさ」こそが、このモデルにおける長所であり短所なのである。法実証主義（legal positivism）と官僚主導が、日本の政治スタイルのあきらかな特徴である。これは決断主義（Dezisionismus）の欠如と政治主導の欠如を意味する。

この点が日本の内外でずっと批判されてきたわけだが、日本の国家意思の欠如は、むしろ東アジアの安定を可能にする土台だったと考えることもできるのである。韓国、中国、北朝鮮の決断主義に決して連動しない日本の不動性が、一方で東アジアの苛立ちの原因になりもしたが、他方では東アジアの安定性を担保する役割を果たしたのである。

日本の外交もまた、戦略の欠如、戦略的思考の欠如がその特徴であるといわれる。戦略だけではない。理念や道徳性も欠如している。日本の外交は理念や道徳性ではなく、利益と共感を推進力としてきたといえるのではないか。

これは、日本の政治家に理念と道徳性が欠如していたという意味ではない。個々人の政治家は理念と道徳性をそれぞれ持っていたはずだ。

しかし日本の政治外交が持つ構造的問題が原因で、理念と道徳性によって政策を強力に推し進めてゆくことができなかった。たとえば、自民党には中国を重視する保守本流がいた反面、台湾を重視する「青嵐会」もあった。韓国を重視する岸信介のラインがあった反面、北朝鮮を重視する「ＡＡ研」（アジア・アフリカ問題研究会）もあった。重要なのは、これらがすべて執権党である自民党の内部にあったという点である。自民党のなかの権力闘争とバランスによって政治を行ったために、ある特定の理念が突出して主導するということが難しかったわけである。

官僚主導、利益誘導型

日本政治のこのような性格は、あきらかに、一九四五年以前の日本帝国主義に対する反省であり、反動であった。日本帝国の過度な理念性、とんでもない戦略性、誤った道徳性の完全な失敗が、日本国憲法の脱歴史性に力を得て、戦後日本の実用主義、脱歴史性、道徳志向性の否定、米国的価値に対する追従などとして結果した。さらに戦後日本の保守本流であった自民党の吉田茂や池田勇人などの脱道徳志向性が、大きな影響を与えた。宮沢喜一以後、保守本流が道徳志向性を持つようになって変質したわけだが。

日本の無戦略性は、表現の自由がほぼ完全に実現されたことから影響を受けもした。極右から極左まで、すべての主張がほとんど制限なしに許容されてきたことが、日本が容易に動くことができない構造を強化したのである。東アジアで唯一、右翼から共産党まで合法的に活動できる国だということも重要な要因であった。実際に政策化することができない空理空論が政治空間において自由に論議され、まかりとおることにより、かえって議論の幅が非現実的といってよいほど左右両翼に広がり、その結果、「センターの軸」の成立が困難となった。そのことにより、政治ではなく官僚が主導し、政治家とともに利益を誘導するというスタイルの政治が堅固になった。

このような状況を強力に批判して、小泉政権が成立するや、日本の政治は決断主義の方向に舵を切ることになった。その後、日本が国家意思を明確に表すと同時に、東アジアは極度の動揺を見せるようになった。この事実を見ても、日本の国家意思の欠如が、東アジアの安定に寄与してきたということとを確認できるといえるだろう。

それなら、今後、日本はどのように行動すればよいだろうか。決断主義のほうにさらに向かうのがよいのか。それとも国家意思の欠如状態を堅持していくのがよいのか、という問題である。

わたしとしては、日本は国家意思をもう少し明確にしていくのが東アジア全体の利益になると考える。それとは逆に、韓国はもう少し安定の方向に動くのがよいだろう。日本と韓国が似たような軸を形成することにより、東アジア全体の安定の碇のような役割を果たすことが求められるのではないだろうか。


ここまで、政治の話を中心にしてきたが、「日韓モデル」を推進してきた主体は政治だけではないのはもちろんである。市民や国民の役割、学界の役割などもいうまでもなく大きかった。しかしここでは、紙数の関係上、政治の役割について簡単に述べるにとどめておく。

日韓共同で積み上げてきた努力

「日韓モデル」が機能しつづけてきたもっとも大きな要因は、韓国が日本に対して投げかけつづけた強力な道徳的要求があったためだと考えられる。この点が、かつてヨーロッパによる支配を受けた地域とのもっとも大きな違いであろう。旧宗主国に対する要求が、経済的利益だけでなく強い道徳的要求でもあったという点である。屈辱を乗り越えようとする道に、「経済的なゆたかさの達成」と「道徳性の実現」という二つの道があったという意味である。

韓国が東アジア最大の道徳志向勢力であったため、日本に対して躊躇なき道徳的糾弾と要求をすることができた。それが日本の反発を呼び起こしもし、対立局面をつくりもした。

しかし韓国のきわめて高い知的水準と道徳的要求は、たとえば日本の左派によるポストコロニアルな歴史学を生み出しもした。植民地支配の不当性を強く批判する左派の歴史学が一九七〇年代から日本で花開いた。それは、西洋でポストコロニアリズムが始まる一九九〇年代よりも二十年ないし三十年も前の出来事であった。つまり日韓は世界ではじめてポストコロニアリズムを推進したのである。

韓国の経済発展も、「従属経済」の危険性を打破して世界の最尖端を走ってきた。みずからの力で民主化を達成し、血と汗を流しながら民主主義を発展させてきた歴史は、それ自体、大韓民国が東アジアでもっとも高い水準の正統性を実現させたという証拠である。そして植民地支配をめぐる歴史問題解決のためにたゆまぬ努力をしてきたという点も顕著な特徴である。

特に慰安婦問題は、戦時女性の人権蹂躙問題として、世界普遍のイシュー（問題）とするために努力を注いだ。日本もそれに応答せざるをえず、その応答が多くの実証的歴史研究につながり、また元慰安婦への謝罪につながった。それが不足だからといって日韓が共同で積み上げてきた努力を過小評価しすぎてはならない。むしろ日韓両国がこの困難な問題を世界ではじめてイシュー化し、その解決のために努力してきたと肯定的に評価しなければならない。

みずからがしてきたことを肯定的に評価できないとき、すなわち自己評価が低すぎるとき、かえってそこに危機が待っているかもしれない。韓国の「妥協を許さない姿勢」の空転の様相を見ていると、韓国人の自己評価の低さがそこに介在しているように見えるのである。

韓国が主導して日本とともに努力してきた貴重な経験を過小評価するとき、そこには日本に対するあまりにも強い競争意識が介在しているのかもしれない。競争意識のよい面ももちろんある。しかし過度な競争意識は、日韓の「共同」「協働」の作業であるという意味を喪失させてしまうかもしれない。韓国社会には、競争意識の肯定的側面と否定的側面をともに冷静に理解していただきたい。

そして、韓国が打ち出す「道徳と歴史が合一した認識」が、韓国国内でも日本社会に対しても、「分裂の力」として作動する側面があるため、むしろ問題の解決をむずかしくしているともいえる。韓国社会はすでに充分に多様化した社会だが、日本と関連した歴史認識だけは、「自己と異なる見解」を排斥する「正義」が許容されているという事実に対しては、批判せざるをえない。道徳と歴史をあまりにも安易に合一させることにより、韓国の精神的苦難は増幅しているのである。そのことに早く気づいていただきたい。

「知の協働」のための三提言

「日韓モデル」は妥協の方法論ではない。支配した者と支配を受けた者が、対等な関係で、互いに批判しあえる関係をつくりあげる過程が「日韓モデル」なのである。

この過程は真に苦痛と困難に満ち溢れた道だったのであり、今後もそうでありつづけるであろう。

しかし日韓両国はこの苦痛に満ちた和解と繁栄と平和の道をさらに歩みつづけるしかない。今後、日韓が共同・協働で取り組まなくてはならないことは多いが、わたしとしては次の三つをもっとも重要だと考えている。

第一のテーマは、「歴史の直視・記憶・反省」である。この作業は今後もたゆまず続けていかなくてはならない。

第二のテーマは、「近代の克服」である。東アジアは近代的な意味では成功した地域であるといえるかもしれないが、近代の弊害についてはまだ克服作業の途についたばかりである。近代の弊害を克服する作業を、日韓がリードしていかなくてはならない。

第三のテーマは「哲学の構築」である。

「歴史の反省」プロジェクトをわたしたちは今後もますます進めなくてはならないのだが、そのためには哲学が必要なのである。歴史は人間がつくるものであるにもかかわらず、わたしたちは「わたしたちの歴史を見る目」をいまだに持っていない。西洋の人間観で歴史を見ているのである。人間観を根本から変えなくてはならない。

わたしは個人的に「多重主体主義（multisubjectivism）」という哲学的な立場を開拓しようとしているのだが、これは、西洋近代が打ち出してきたアトム的人間観を否定するものである。

だがもちろん、「多重主体主義」でなくても構わない。なんでもよいのだが、わたしたちの言葉・人間・生命を取り戻し、それを新しくふたたび創造しなくてはならない。もっとも迂遠な道、くねくねと曲がりくねった道を、ゆっくりと、まどろっこしく、決して急がずに、安易な答えに飛びつきもせず、もっとも根源的なところまで遡って、みんなでともに静かに考えてみることが大切だ。

　わたしたちは、和解を当然の前提とすることはできない。ある人びとのあいだの和解が、ほかの人びとには暴力となるかもしれないからだ。わたしたちは、和解とはなにかという問い、そしてその可能性と不可能性から注意深く根源的に思考してみる必要がある。人間とはなにか、〈いのち〉とはなにか、歴史とはなにか……。焦る気持ちを鎮めて、ともにじっくりと対話しながら考えていかねばならない。

　そして世界でもっとも高いレベルの「知の協働作業」を、日韓両国の人びとが果敢にやっていかねばならないのである。

II

韓国政治、イデオロギー、市民社会

——大西 裕

第4章　政党政治の変容
——地域主義からイデオロギーへ

1　イデオロギー対立の時代？

なぜ党派対立が生じるのか

テレビのニュース番組でトップニュースとして報道されるのは、多くの場合政治の動きである。とりわけ重視されるのは、大統領や首相に次いで、政党である。選挙があれば特番が組まれ、どの政党が何議席とるかの予測が、開票前から華々しくなされる。筆者のような政治学者からすれば、わくわくし、最も心躍る瞬間の一つである。音楽番組のランキングを見るような興奮といえばよいか。自分の好みのアーティストが上位に食い込むとうれしいのと類似した雰囲気を味わうことができる。

ただ、音楽番組と違うのは、アーティストであればその楽曲のダウンロード回数が増える程度の影響はあるかもしれないが、基本的には誰が一位になろうと一般社会に与える影響はほとんどない。選挙の場合はそうではない点である。選挙の勝ち負けは政策を通じ、私たちの生活に影響する。それゆえ、ニュース報道のトップ項目に来るのである。

この点は韓国でも全く同じである。選挙は重要で、日本同様、趣向を凝らしたスタジオ構成でダイナミックに予測がなされ、当落の結果が伝えられる。「選挙は政治のフェスティバル」などという言葉も登場する。その主役となるのは、間違いなく政党である。政党は議席をめぐり、政権をめぐって競争し、熾烈な戦いを選挙で演じる。選挙後も政党間の対立は続き、テレビ番組、ネット上のサイト、SNSを通じて市民にアプローチし続ける。

しかし、日本に住む私たちは、確かに政党間対立は盛んに見るには見るが、例えば自民党と民進党でその主張の何が違うのか、わかりにくくなっているのが実情ではないか。一昔前の冷戦時代であれば、自民党と社会党の違いは政治に関心がない人でも理解できた。主義主張が全く異なっていたからである。しかし今はそれほど明瞭な違いがないのではないか。共産党や公明党は違うかもしれないが、というのが偽らざるところであろう。

ところが、韓国では逆に、政党の主義主張の違いが際立っている。二大政党のうち、どちらが保守的でどちらが進歩的なのか、間違える人はほとんどいない。一般市民の間でも党派色は分かれる。だいたい有権者の三分の一が保守的、三分の一が進歩的で、残り三分の一が党派性なしというのが相場である。冷戦終焉がイデオロギー対立の終焉であるとすれば不思議な状況で、有権者の半数以上が支持政党なしと答えることすらある私たち日本人からすれば奇妙に映るかもしれない。

　本章では、なぜ韓国では党派対立が生じているのか、それがいかなる特徴を持ち、政策にどのような影響を与えるのか、考えてみよう。韓国における党派間対立は、冷戦時代に類似した、かなり古典的な左右対立である。しかしそれを支える構造はきわめて現代的で、政党組織がインターネットなどのデジタル社会に適応した結果となっている。こうした対立の構図は、しかし、妥協による政策決定を難しくし、決められない、あるいはなかなか決まらない政治として、政策停滞が生じる原因の一つになっているのである。

2　政治とのインターフェースとしての政党

政党というラベル

　韓国の説明に入る前に、そもそも政党とはどういう存在なのか、説明しておこう。

　民主主義社会においては市民こそが主権者である。しかし、現代民主主義の下では、市民が直接政策決定に参加することは基本的にはない。私たちは私たちの代理人として政治家（ここでは政治家を、もっとも数が多く、現代民主主義を象徴する議会の構成員である議員に限定して考えてみよう）を選出し、彼らに政治的決定をおこなってもらう。その選出のことを選挙という。私たちが慣れ親しんでいる選挙のスタイルは、複数の候補者が立候補し、有権者は彼らの演説を聴いたり、公約を見たりして、もっとも自分の考えを代弁してくれそうな人に一票を投ずる。そして、多くの票を得た候補者が、議員として政策決定に参加するのである。

議員は政治的決定をおこなう場である政治社会と私たちの住む市民社会を結ぶ役割を果たす。しかし、議員が本当に私たちの主張や利益を代表して行動してくれるとは限らない。議員の行動を具体的に縛る手段が、普通の市民にはないからである。フランスの啓蒙思想家ルソーが「(イギリスの人民が)自由なのは、議員を選挙する間だけのことで、議員が選ばれるやいなや、奴隷となる」との名言を残しているが、奴隷は言い過ぎにしても一度選出された議員が何年か後の選挙までその行動を有権者に拘束されないのは確かである。もちろん、再選を目指す議員は次の選挙で勝利するために有権者に対し説明責任を果たそうとするが、自分の行動をどうすべきか、いちいち有権者に尋ねて回るなんてことはしないしできない。おそらく、その代わりになされるのが公約である。日本でも、国・地方を問わず議員は選挙の時に様々な公約を有権者に約束する。公約を守れば、有権者の代表として行動したのだといえるだろう。実際、二〇一二年の衆議院議員総選挙の際に、私たちは二〇〇九年の総選挙でマニフェスト(政権公約)を掲げて政権を取った民主党に対し、公約未達成への失望感から大量の議員を落選させることで下野という処罰を与えた。しかし、これは政党というまとまりがあってなしえることで、個々の議員が掲げる公約と議員の行動の精査を普通の有権者がすることはまずない。また、彼らが私たちの考えるとおりに行動してくれたとしても、私たちの考えが政策に反映されるとは限らない。市民といっても、一人一人の考え方は違い、多様である。当然ながら私たちとは異なる考え方も議場には表明され、そちらが多数になれば私たちの考えが反映されることはない。つまり、個々の議員に託しても、議員が責任を持った行動をする保証も、決定に反映される保証もないのである。

さらに困ったことに、私たちは選挙の際に候補者に適切に投票できるかどうかに問題がある。私たちは候補者たちのことを普段からよく知っているわけではない。よく知るためには、候補者たちの掲げる政策を精査し、信頼に値する行動をとれるかどうか、人柄や経歴も調べる必要がある。しかし候補者が増えれば増えるほどそのコストは膨大になる。例えば、大阪と神戸を結ぶ位置にある中核的な都市である兵庫県西宮市では、二〇一五年の地方議会選挙で四十一の議席を六十人の候補者が争った。有権者が候補者全員を熟知して投票するためにはどれだけの時間と労力を費やす必要があるのか、考えるのも難しいのではないか。日々の生活に忙しい私たちにその時間を割くことは容易ではない。加えて、その候補者が当選できるかは、自分だけの票では決まらない。もし自分が支持していたとしても、その候補者がほとんど票を集められそうにない場合、私たちの一票は全く無駄になってしまう。もしそうなるなら、次善の、しかし当選確率の高い候補者に投票する方が意味があるだろう。でもそういう予測もまた、私たちには難しい。

私たちにとって政党が必要な理由はこれらの点にある。議員が政党に所属すれば、政党というラベルを通じて議員の行動を知ることが容易になり、議員もまた私たちの視線を意識して行動するだろう。

政党というまとまりで議員が行動すれば、どの程度私たちの考え方が政策に反映されるのかもわかりやすいし、できあがった政策に誰が責任を持つのかも見通せる。政党というラベルがあれば、私たちは投票しやすい。政党というラベルは政策に関するシグナルとして機能するので、情報収集のためのコストを大幅に圧縮できるのである。

言い換えれば政党は政治家と市民を結ぶインターフェースである。政党が示す政策を見て市民は投票先を考え、逆に市民は政党に対し自らの考えや利益を表明し、代表させればよい。

有権者に政策を「売る」

政党は市民とどのようにつながりを持つのであろうか（政党についての一般的な知識の詳細は、川人・吉野・平野・加藤、二〇一一参照）。おおまかにいって二つのタイプがある。

一つは、市民の、選挙時の有権者としての側面を重視するタイプで、政党が作成した政策を市民に示し、市民がそれを投票という形で買う関係である。もう一つは、多くの市民を政党活動に参加させ、彼らの声を吸い上げることに力点を置くタイプで、市民をできる限り多く党員として政党内部に迎え入れようとする。

二つのつながりはいずれも多くの政党が有しているが、どちらに比重が置かれるかには違いがある。前者に比重を置く政党を幹部政党、後者に比重を置くそれを組織政党という。日本で言えば自民党が前者に近く、公明党や共産党が後者に近い。幹部政党の場合、個々の政治エリートが資金や社会的名声、固定的な支持層を有しており、エリート同士のつながりは同志的で、あまり組織化されていない。他方、組織政党では政治エリートは組織化された大衆の考えを代弁するのが主な役割である。

これら二つの基本的な類型の他に、いくつかの種類が存在する。そのうち、韓国の政党を検討する上で必要な二つの種類を紹介しておこう。

一つは、市民が政党に参加する誘因を少し変えたものである。一般的に、政党は市民に対し、役職や権力などの物質誘因、連帯誘因、よき公共政策を実現するという目的誘因を提供することで政党活動に参加させようとする。ただし、物質誘因として提供されるものは希少なので、一般党員にはほとんど提供されない。重要なのは目的誘因となる。ところが、政党が政権を握るなどして公共事業など市民の利益に直結する資源を多く持つ場合、その配分を物質誘因として党活動や党への支持を求めることができる。こういう政党をクライエンテリズム政党という。利益誘導政治をおこなっていたかつての自民党などはその側面があったといえるであろう。

もう一つは、有権者に政策を「売る」側面に特化して組織を再編成したものである。マスメディアが発達した今日、市民を党員として囲い込むよりも、優れた政策を作ってそれを宣伝した方が、コストパフォーマンスがよくなる。膨大な数の党員を抱えると組織票は増えるが、代わりに党員管理にコストがかかる。党員が少なくても魅力的な政策を打ち出せれば、多くの票を得られるので、組織票を目指して党員拡大をする必要はないとも考えられる。この場合、必要なのは選挙コンサルタント、世論調査や宣伝の専門家、調査部門のエコノミストなどの専門スタッフである。広告代理店のような機能に特化した政党のことを、選挙プロフェッショナル政党という。

3　政党組織の変化

憲法的存在としての政党

韓国ではどのようなタイプの政党が存在するのだろうか。このことを考える上で重要なのは、日本とは異なり、韓国では政党の存在を憲法上で規定しているということである（大西、二〇一三）。日本では、政党を規定する法律上明文の規定は存在しない。政治資金規正法第三条二項で、政治団体のうち国会に一定の議席を有するか、直近の国政選挙で一定以上の票を獲得したものを指すにとどまる。民主政治を担う存在でありながら、公的機関とは想定されていないのが日本の政党の特徴である。これに対して、韓国ではドイツなどと同様、政党が憲法的存在であり、憲法によってその役割を規定されている（憲法八条）。憲法の条項を具体化するために、韓国は政党法によって政党を規格化、法定化している。

憲法と政党法により規定された政党は、組織政党であることを規範とされていた。組織政党では、一般大衆を組織するために党支部をおく。韓国の場合も同様で、党支部として国会議員選挙時の小選挙区（「地域区」と呼ぶ）単位に地区党をおいていた。一九九八年時点の政党法を基準に説明すると、選挙区総数の十分の一以上に該当する数の地区党を有することが、政党の要件である（政党法二十五条）。地区党はそれぞれ三十人以上の党員で構成される（政党法二十七条）。日本では、議員以外にメンバーがほとんどいない政党もあるが、それは韓国では制度上ありえなかった。なお、地区党は特定の広域自治体（日本でいえば都道府県に相当する、比較的広域の公共サービスを担当する自治体をさす。韓国では、道・広域市・特別市が該当する）に集中していてはならず、一つの広域自治体に所在する地区党数が総数の四分の一を超えてはならない（政党法二十六条二項）。言い換えれば、地域政党の存在は許されない。政党とはすべからく全国規模の政党であることが建前であった。このように政党の要件が法律によって細かく規定されているのは、地区党は、憲法のいう「国民が政治的意思形成に参与するのに必要な組織」（憲法八条二項）と理解されていたからである。

実際に、韓国の政党は、形式的には組織政党と見てよかった。国際的な政党研究者であるカッツとメイアーによれば（Katz and Mair, 1993）、政党は、議会や政府を構成する「公的組織内の政党」、地方組織・主要団体内組織である「土台としての政党」、党本部機構である「党本部としての政党」から構成される。組織政党は、そのなかで、巨大な官僚機構などを抱える「党本部」の比重が大きく、「公的組織内の政党」の比重が比較的軽いという特徴があり、「土台としての政党」は、資源・支持・人材の調達源および有権者の意見集約拠点として機能する。韓国の政党は、一九八七年まで続いた独裁政権時代に与野党とも党本部の権限が大きい組織として原型が作られた。民主化後もその組織形態のまま展開する。土台としての政党である地区党は肥大化しており、公的組織内の政党は弱体であった。通常は国会議員が兼ねる地区党委員長は地域区内の責任者となり、選挙区内の党員を組織化し、自身を頂点とするピラミッド型の構造を作り出していた。

しかし、実態は、韓国の政党は組織政党というよりは、国会議員を親分、党員を子分とし、党員への利益誘導をおこなうクライエンテリズム政党であった（大西、二〇一三）。国会議員などの政党幹部が、自らの選挙活動、政治活動のために党員を集め、党員は政党幹部への協力の見返りとして金銭など物質的な利益を提供されるという形で組織されていたのである。組織政党の特徴である、党員からの政策に関する意見の収集・集約は重要ではなく、党経営も党員の支払う党費には依存していなかった。党費未払いの党員が多数に及んでいても、党運営上は問題視されなかった。地区党は大量の金をばらまいて党員を集め、その党員に選挙時の集票活動をおこなわせる組織であったのである。

クライエンテリズムは政党の成立事情にも関係し、党首と国会議員の関係にも存在した。韓国の政党は、カリスマ的人気を誇る党首を大統領にするために成立しており、一般の国会議員はその多くが党首の人気に依存して当選していた。国会議員は当選させてもらう代わりに、党首を絶対的に支持するという親分子分関係が基本的に政党を規律していたのである。

政党ボスの存在しない組織

しかし、二十一世紀に入ると様相が大きく変わってくる。

クライエンテリズム政党は、政党が政権に就くなどして獲得した利権を、自分を支持する有権者などに配分することで票を獲得するメカニズムを有している。韓国にとって高度経済成長期であった二十世紀の間は公共事業なども多く、クライエンテリズムが機能しうる余地があった。有権者もまた、政治家の腐敗に怒りの目を向けながらも、選挙運動に伴っておこなわれる政治家の饗応などを受け入れていたのであった。一九九七年に金大中が大統領に当選したとき、彼の支持者から、ようやく自分たちにおいしいおはちが回ってくるという喜びの声を、筆者自身直接聞いたことがある。

ところが、同年に韓国を襲った通貨危機はクライエンテリズムを機能麻痺に陥れていった。一時期マイナス成長にまで落ち込んだ経済は、緊縮財政を余儀なくし、公共事業も急減する。以前は当たり前に見られた経済界と政界の癒着も少なくなってきている。外部からはわかりにくかった政府―企業間関係が見直され、企業経営の透明化が進み、外国人株主の急増と彼らによる経営監視もあって政治家の介入は困難になっていった。政党運営についても厳しい見方が広がる。地区党は金食い虫だとの見方が広がり、党組織のスリム化が叫ばれるようになる。すなわち、地区党を廃止して政党組織の軽量化を進め、より効率的な政党運営をおこなう方向と、政党ボスの存在しない組織に改編して、議員個人の政治活動を活性化し、選挙に際しても、情報化など社会環境の変化に即した「金のかからない」活動で対応する方向が目指されるようになった。言い換えれば、韓国の政党を選挙プロフェッショナル政党に転換させようという空気が醸成されていった（磯崎・大西、二〇一一）。

すなわち、政党は政策を作って有権者の支持を、票や後援金の形で買えばいいのであって、事務機構は軽量でよく、膨大な党員を抱え込む必要もないとする考え方が拡がっていったのである。

規範としての組織政党を捨てることで、実態としてのクライエンテリズムもなくし、選挙プロフェッショナル政党化を目指す。そして実際に、二〇〇四年には地区党が廃止され、党組織のスリム化が大幅に進められたのであった。

4　政党支持構造の変化

投票行動を規定する「地域主義」

では、韓国では市民は何を基準としていかなる政党に投票してきたのであろうか。

韓国では、一九八七年の民主化以降、大統領選挙は五年周期で、国会議員総選挙は四年周期で定期的におこなわれており、独裁政権時代に見られた選挙への官憲の干渉も全くなくなった。韓国の市民は、自分が適切と思う候補者に自由に投票でき、開票や集計にも全く不正はない。にもかかわらず、開票結果には極端な地域差が存在し続けている。

表1は二〇〇二年の大統領選挙の結果である。当時の大統領候補である盧武鉉が光州で九五％を獲得するなど、特定の地域の票を特定の候補がほぼ独占する状況が生じていることが分かるであろう。この傾向は現在でも続いている。**表2**は二〇一二年の大統領選挙の結果であるが、十年を経ても二〇〇二年のコピーかと思えるほど地域間の票の偏りが大きくかつ固定的であることが分かるであろう。

地域	候補者別得票率	
	盧武鉉（新千年民主党）	李会昌（ハンナラ党）
全体	48.9	46.6
ソウル	51.3	45.0
釜山	29.9	66.7
大邱	18.7	77.8
仁川	49.8	44.8
光州	95.2	3.6
大田	55.1	39.8
蔚山	35.3	52.9
京畿	50.7	44.2
江原	41.5	52.5
忠北	50.4	42.9
忠南	52.2	41.2
全北	91.6	6.2
全南	93.4	4.6
慶北	21.7	73.5
慶南	27.1	67.5
済州	56.1	39.9

表1　2002年大統領選挙得票率（単位：％）
出典）中央選挙管理委員会データベース資料より筆者作成

地域	候補者別得票率	
	朴槿恵	文在寅
全体	51.6	48.0
ソウル	48.2	51.4
釜山	59.8	39.9
大邱	80.1	19.5
仁川	51.6	48.0
光州	7.8	92.0
大田	50.0	49.7
蔚山	59.8	39.8
世宗	51.9	47.6
京畿	50.4	49.2
江原	62.0	37.5
忠北	56.2	43.3
忠南	56.7	42.8
全北	13.2	86.3
全南	10.0	89.3
慶北	80.8	18.6
慶南	63.1	36.3
済州	50.5	49.0

表2　2012年大統領選挙得票率（単位：％）
出典）中央選挙管理委員会データベース資料より筆者作成

これが、韓国において有権者の投票行動を規定する最大の要因とされる、「地域主義」である（大西、二〇〇四a）。すなわち、有権者の出身地ないしは居住地という属性が一票を投じる政党を決めてしまう状況が続いてきた。具体的には、光州、全羅北道、全羅南道からなる、朝鮮半島南西部の湖南《ホナム》地域（全羅道）の有権者が支持・投票する政党と、釜山、大邱、蔚山、慶尚北道、慶尚南道からなる南東部の嶺南《ヨンナム》地域（慶尚道）の有権者が支持・投票する政党が全く異なるという、地域間偏差が存在してきたのである**（地図参照）**。

これは、例えて言えば、日本で太平洋岸地方のほとんどの有権者が自民党、日本海岸地方では民進党に投票するというような構図であり、日本では想像困難である。韓国人の間でも、地域主義的な投票行動は異常であるとの認識が示され続けている。

韓国の有権者はなぜこのような特異な投票行動をとり続けているのであろうか。韓国人自身がこのテーマに関心を持ち続けていて、様々な仮説が提示され、論争に決着がついていないが、その仮説は大きく二つのグループに分けられる。一つは、もともとは差別意識から形成された地域アイデンティティに淵源があるとするもので、もう一つは、有権者の合理的選択の結果であるとするものである。

差別意識とは、金大中元大統領の出身地である湖南地域に対するそれを指す。湖南地域の出身者は、民主化以前から出身地ゆえの差別を受けることが少なくなかった。その理由として、次のようなものが挙げられる。

一つは、湖南地域が以前流刑地であったなど前近代からの歴史的経緯で、第二に、独裁政権時代、

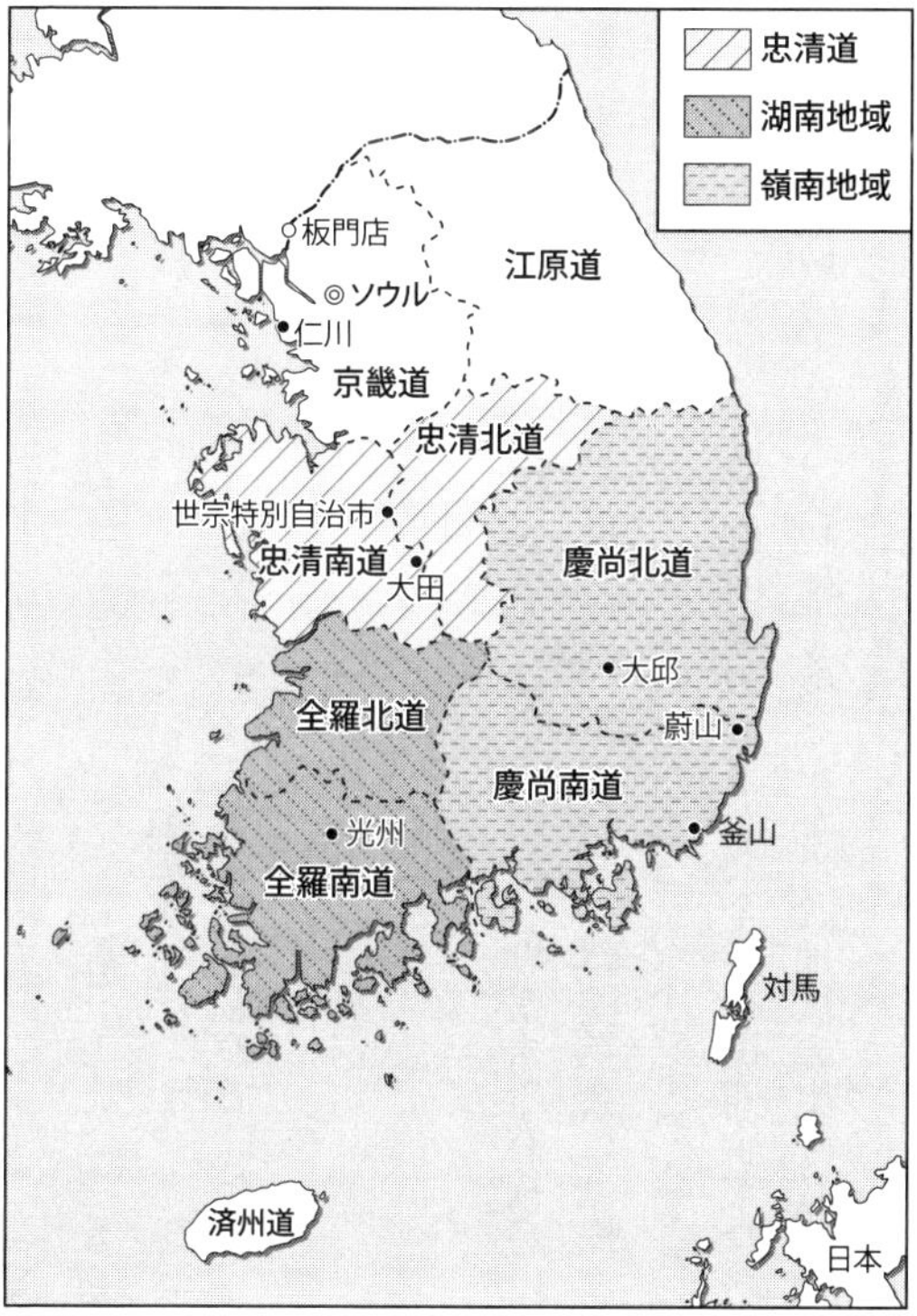
忠清道
湖南地域
嶺南地域
板門店
ソウル
仁川
江原道
京畿道
忠清北道
世宗特別自治市
忠清南道
大田
慶尚北道
大邱
蔚山
全羅北道
慶尚南道
光州
釜山
全羅南道
対馬
済州道
日本

韓国地図

大統領の出身地が嶺南地域で、その地域出身者が優遇されたゆえとするもの、第三に、同じく独裁政権時代に経済開発がソウルと釜山を結ぶラインを軸におこなわれたために湖南地域が開発から取り残されたゆえとするものである。いずれが理由であるかはここでは判断しないが、何らかの理由が差別意識を生み、それが地域アイデンティティに転化したことが重要視されている。なお、韓国はほぼ純粋な単一民族国家なので、ここでいう地域アイデンティティはスペインのカタルーニャ地方のように分離主義的な地域アイデンティティにつながるものではなく、政治的には投票行動にのみ特異に見られるものである。

血縁・地縁・学縁の切れ目

もう一つの合理的選択とは、投票行動は、投票する有権者にとって何が利益につながるのかを考慮した上でのものであると考える。すなわち、韓国社会には様々な人脈が存在するが、韓国人が最も重視する血縁・地縁・学縁（高校の同窓など）のネットワークの切れ目が嶺南・湖南といった地域である。これまで韓国では政府内部の人事が公企業や民間企業など政府外の人事にも影響を与えてきたので、どの地域の出身者が政権を取るかが当該地域の出身者の社会的上昇（出世）に影響を与える。したがって、地域主義は合理的根拠を持つ。

地域アイデンティティなのか、合理的選択なのか。論争中なのでその判断はここでは示さないが、本章ではこの二つが相補的な関係にありそれぞれが重要であったのだとしておこう。二つの仮説はそれぞれ説明に問題点があり、それをうまく解決するのが他方の見方だからである。

地域アイデンティティについては、それがなぜ投票行動につながるかの説明に飛躍がある。日本でも地域アイデンティティは存在する。筆者が住む関西地域の地域アイデンティティは、直感的には湖南アイデンティティを上回るであろう。しかしそれが関西地域に住む全有権者の投票行動につながることはなく、投票先は大阪維新の会のような地域政党が登場してもそこに収斂することはない。

しかし、アイデンティティが人事など社会生活に直結するとなれば、それは投票行動に直結するであろう。合理的選択の考え方がこの飛躍を埋めるのである。他方で、合理的選択のみでは、なぜ地域がネットワークの切れ目として重要になるのかが明らかでない。しかし、地域アイデンティティはそれを明らかにしてくれるのである。

地域アイデンティティと合理的選択に基礎づけられた有権者の地域主義的な投票行動は、クライエンテリズムという韓国の政党の特徴と大変適合的であった。地域主義が成立したのは一九八七年の民主化時とされる。当時カリスマ的人気を博した政治家は金大中、金泳三、金鍾泌《キムジョンピル》であり、それぞれの出身地である湖南、嶺南南部、忠清道地域から熱烈な支持を受けていた。彼らの政党は、彼らをボスとすることが明確であり、各地域の国会議員は彼らの支援なくして当選できなかった。彼らの誰かに政権が回ることを恐れる、民主化以前の与党の地盤である嶺南北部地域もまた地域単位でまとまらざるを得なかった。政党ボスと国会議員の間の親分子分の関係は、地区党を介して国会議員と地域住民の間にも拡がる。この連鎖は地域アイデンティティで結ばれていることに加えて、政権獲得の暁には

	20代	30代	40代	50代以上
金大中(1997)	43.2	43.7	37.2	34.2
盧武鉉(2002)	62.0	60.2	43.4	33.4
李会昌(1997)	27.9	34.8	44.1	51.0
李会昌(2002)	31.4	30.7	50.8	65.5

表3　1997年と2002年の大統領選挙得票率の世代別比較
出典）韓国ギャラップ（2003）『2002年第16代大統領選挙投票行態』より。単位：%

物質的利益の供与にもなっていたのである。

日本同様、高齢者ほど保守的

「地域主義」が、現在でも主要な要因であることに変わりはない。しかし、二十一世紀に入って、地域主義的な投票行動が衰退し、かわって世代による投票行動の違いが重要性を増してきている（大西、二〇〇四b）。このことをデータで確認しよう。

表3は、一九九七年と二〇〇二年の大統領選挙における世代ごとの支持率を示したものである。金大中と盧武鉉は湖南地域を地盤とした政党（以下、湖南政党）から立候補し、李会昌は嶺南地域を地盤とした政党（以下、嶺南政党）から立候補していた。全般的に、どちらの政党の候補も得票率をのばしているが、これは一九九七年選挙で第三の候補であった李仁済が二〇％近い票を得ていたのに対し、二〇〇二年の選挙ではそうした強力な第三候補が存在しなかったためである。このことを考慮に入れても、一九九七年と二〇〇二年では世代別の得票率の傾向に著しい違いがあることが分かる。それは、二〇〇二年の選挙で二十代・三十代が盧武鉉を支持し、五十代以上が李会昌を支持する構図が鮮明に表れていることに示される。一九九七年にもこの構

図は存在するが、二〇〇二年のように特定の世代で相手の二倍近い得票を獲得するということはなかった。

世代によって投票先が異なるという現象はその後も続く。**図1**は二〇一二年の大統領選挙における世代別投票先である。湖南政党の文在寅候補は若年層、嶺南政党の朴槿恵候補は高齢者の支持を得ていることが鮮明である。

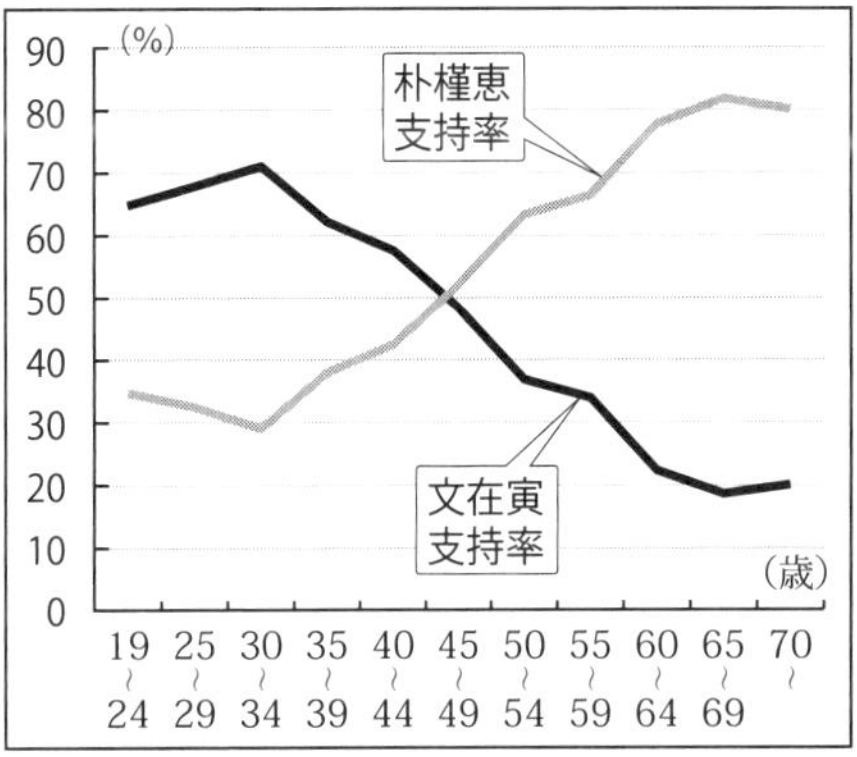

図1　年齢別候補者選択

出典）パク・チャヌク（2013）「総論：2012年大統領選挙の展開と結末」（パク・チャヌク、キム・ジュイン、ウ・ジョンオプ編『韓国有権者の選択2——第18代大統領選挙』峨山政策研究院）より

世代間での投票行動の違いをもたらしたものは、イデオロギーの違いであると考えられている。一般に、私たちは歳とともに保守化する傾向がある。私たちは、年齢を重ねるにつれ社会的地位を確立していき、将来に関する長期予測が可能になるので、その前提を破壊するような変化が発生することを好まない。現状維持が適切となってくるのである。これを加齢効果というが、それゆえに若年ほど進歩的、高齢者ほど保守的な投票行動が見られるようになる。

韓国の場合も同様であると考えられる。少し古いが、世代別投票傾向の違いが表れた二〇〇二年

	20代	30代	40代	50代	60代以上	全体平均
理念性向	2.62	2.55	2.93	3.09	3.17	2.82

表4　世代間政治理念（韓国社会科学データセンター2002年大統領選挙後調査データ）

出典）カン・ウォンテク（2003）『韓国の選挙政治──理念、地域、世代とメディア』プルンギル、p294より。数字が大きいほど保守的であることを示す

の大統領選挙時のイデオロギー傾向を見ると、**表4**が示すように、若いほど進歩的、高齢ほど保守的という傾向が鮮明に出ており、この流れは現在でも続いている。世代間の違いは、イデオロギーの違いと見て間違いなさそうである。ただし、韓国の加齢効果は他国と比べて強すぎる。なぜこれほどまでに顕著な世代差が表れるのだろうか。

この疑問を検討するために、韓国におけるイデオロギー対立とは何なのかを見ておこう。冷戦が二十年以上前に終わり、社会主義が魅力を失ってかなりたついま、日本ではイデオロギーを政党間対立の軸として理解することが難しい。おさらいの意味も含めて、その基本的性格と韓国の特徴を説明しよう。

イデオロギー対立は、一般的には経済活動をめぐるものである。進歩派は、資本主義経済のもとでおこなわれる自由競争の結果、勝者と敗者が生まれ、国民の間に不平等が広がることを懸念し、所得の再配分など政府の介入でより平等な世界を作ろうとする。平等を重視する立場である。他方保守派は、政府の市場への介入が経済活力を削ぐことを懸念し、企業の経済活動の自由をできるだけ広く認める。自由を重視する立場である。

自由と平等は現代民主主義の根幹を支える基本的価値観だが、両立は容易ではない。それゆえ、ほとんどの先進国で進歩派と保守派の対立は、冷戦時代ほ

どではないが、現在でも存在する。韓国でそれが見られるのも、実はさして不思議ではない。むしろ、日本がやや希薄すぎるといってもいいかもしれない。

三八六世代の登場

ただし、韓国のそれは、経済活動以上に、アメリカと北朝鮮をめぐるものであった。保守派は親米的で、進歩派は親北朝鮮的であるとされる。保守派はアメリカを中心とする現在の経済秩序、安全保障秩序に肯定的であるのに対し、進歩派は現在の秩序が朝鮮半島の南北分断を固定し、民族の自主性を損ねていると考える。つまり、進歩派は、韓国が民族分断の悲劇を味わうことになるのは、アメリカの強い影響下にあったことが関係しており、アメリカとの同盟は、民族分断を固定化させることにつながると捉えていた。他方、保守派は、アメリカこそが経済活動の自由を認めず独裁的な北朝鮮から自分たちを守ってきたと考え、現在の韓国がよって立つ資本主義経済体制と米韓同盟による安全保障を肯定してきたのであった。

このような韓国の特徴に、顕著な世代差を探るヒントが潜んでいる。政党支持とイデオロギーは二十世紀中は一致していなかった。一九八七年までの独裁政権時代には進歩派が抑圧されており、民主化後も進歩派の政界進出が困難だったからである。国会議員の大半は保守派が占めていた。それが、二十一世紀に入って急変し、進歩派が政界進出に成功するようになってきた。

その変化を推し進めたのは、大きく二つの要因による。

一つは、いわゆる三八六世代の登場である。三八六世代とは、一九六〇年代に生まれ、八〇年代に学生生活を送った、二〇〇〇年当時三十歳代の世代を指す。日本でいうとバブル世代に相当する。この世代は、日本では政治への関心を顕著に示さなくなっていた。草の根保守主義だとか、新人類とかと呼ばれ、大学がレジャーランド化していると批判された時代をすごしていたのである。対照的に、三八六世代は政治的な世代であった。

独裁政権時代に学生生活を送っていた彼らは、一九八七年の民主化を主導した。学生時代に彼らはアメリカを民族の抑圧者としてとらえ、マルクス主義や、北朝鮮の体制理念である主体思想に関する文献を読み漁った経験を持つ者が少なくない。

こうした特異な世代が政治社会および社会全般に影響力を持つようになったのが、金大中政権から盧武鉉政権の時期にかけてであった。国会をはじめ政界にもかつての学生運動の闘士たちがジーパンを背広に替えて進出するようになってくる。

加えて、彼らおよび彼ら以降の世代の特徴は、朝鮮戦争とその後の混乱を経験していないことである。保守派が高齢者に多いのは、北朝鮮と干戈《かんか》を交え、自分たちを救ったのはアメリカであったという原体験に基づいている。他方、若年世代にはその経験はなく、急速な経済成長を背景にして、既に北朝鮮への脅威感は薄らいだ時代に成長した。アメリカと北朝鮮への認識が大きく異なるのは不思議ではない。

アメリカおよび北朝鮮との関係を相対化して捉え、安全保障や外交に関する従来の枠組みを見直す発想は、若年層にとって保守派の発想よりも受け入れやすいものであった。それゆえ政党間対立の規定要因としてイデオロギーが登場し得た。なお、イデオロギー対立の争点は、グローバル化に伴う格差社会の深刻化など経済生活をめぐる社会的亀裂の深化も相まって、経済的争点にまで及んできている。

もう一つは、政党組織がクライエンテリズムから選挙プロフェッショナル政党への変化を遂げていることである。前節で述べたように、二十一世紀に入ると、以前のように政党が党員、支持者に物質的利益を供給することは困難になってきた。かつてのような「合理的選択」は働き得なくなってきたのである。そうであれば、政党が本来有権者に提供すべきよき公共政策の重要性が増す。そこに、なだれ込んできたのが進歩派である。

インターネットを使った彼らの巧みな宣伝と、進歩的な新しい政策は若年層の心を捉え、二〇〇二年に盧武鉉政権を生み出すことに成功した。この成功は保守派も含めて、かつてのような地区党を介した有権者の動員よりも世論調査と宣伝を強化する方向に注力する必要性を感じさせたのである。現在も地域主義は存在しているが、それは、地域アイデンティティ＋合理的選択から、地域アイデンティティ＋イデオロギーへとその内容を変化させてきているといえるだろう。

5　対立の果実

FTA締結に反対した進歩派

イデオロギーに基づく政党間対立は、一見今の日本からすればある意味うらやましい側面もある。二大政党が拮抗しているのも好ましい。市民に対して示される選択肢は明確であり、それが達成できなければ次の選挙で落選させることで政治家を罰することができる。投票もしやすいし、責任の所在もはっきりしている。しかし、他面、イデオロギーにとらわれると妥協が困難になり、政策停滞が生じやすい。

実際に韓国では、イデオロギー対立から政策が漂流するという現象が生じている。私たちが目にしやすいところで言えば、外交でも現れている。

二〇〇六年、盧武鉉政権時に合意にまで至った米韓FTA（自由貿易協定）はその後、本来身内であるはずの盧武鉉政権と進歩派が深刻な対立を引き起こし、韓国内で批准を受けなかった。後を引き継いだ保守派の李明博政権時も保守派と進歩派の間で対立が繰り返され、批准されたのは政権末期である二〇一一年であった。

米韓FTAは、貿易・投資をはじめとする対外経済活動を自由化することを目的としているので、自由化によって不利益を受けるかどうかが重要である。日本でも、TPP（環太平洋パートナーシップ協定）のような貿易自由化交渉では不利益を受けることが明確な農業団体などが強く反対していたことは記憶に新しいであろうし、それゆえ交渉は難しくても不思議ではないと考えるであろう。

しかし、韓国の場合、こうした業界に対しては盧武鉉政権によってアメリカとの交渉妥結以前に調整がおこなわれ、彼らの言い分を反映させて妥結にまで持って行っていた。反対したのは、反米という理念を重視した進歩派であった。

FTAを結べばアメリカ経済に従属することになるとか、事実上の植民地化だとかいう言説をちりばめての反対運動は、FTAを結べば経済活動に具体的にどう変化が生じ、誰が得を、そして損をするのかという現実的な、それゆえに妥協可能な議論を展開しなかった。アメリカとのFTAが、主権や民族自決を守ることができるかという善悪に関する議論に陥ってしまったのである（詳しくは大西、二〇一四参照）。

米韓FTAが韓国経済にとって重要であることは分かってはいたものの、実際に批准されるのは深刻な保革激突の乱闘国会の末のことであった。

古くより、政治は可能性の芸術と呼ばれる。政治家が理想を掲げ、それを追い求めるのは何ら不思議ではないが、市民の考え方が多様なように、政治家が追求する理想も多様である。それゆえ、現実的な妥協もまた政治にとって重要である。

ところが、イデオロギー対立は妥協の余地を狭くする。正義を追求するものにとって、悪との妥協はすなわち堕落である。堕落への非難をおそれれば、現実的には妥協が必要と分かっていても妥協は困難になる。他者もまた正義を追求すれば、政治は何も決められず、政策停滞に陥る。

実際に韓国は、朴槿恵政権に入って内政外交ともに深刻な政策停滞に陥っている。対立の克服が重要な課題なのである。

第5章　大統領の強力なリーダーシップという幻想

1　韓国の大統領は強い権力の持ち主なのか

リーダーシップのあり方

私が大学で担当している授業の一つに、「比較政治学」という科目がある。日本を含め世界各国の政治制度や民主主義のあり方の違いを説明し、分析する授業である。比較政治学は多くのテーマを扱うが、その一つに執政制度がある。ほとんどの民主主義国は大統領制か議院内閣制を採用しているが、その制度的違いに関心を持つテーマである。

この授業で私が学生によく投げかける問いの一つが、大統領制と議院内閣制ではどちらの方が政治的リーダーは強いリーダーシップを振るえるかである。国民が直接リーダーを選出する大統領制と、議会がリーダーを選出する議院内閣制とでは、リーダーシップのあり方が大きく異なるのは当然であろう。

この問いに対する回答はどちらか。多くの学生は、大統領制であると答える。小泉純一郎を除いて、近年政権を取った日本の首相のほとんどがたいしたリーダーシップを発揮できなかったことが影響しているのであろう。議院内閣制には強いリーダーシップが期待しにくいと考えているようである。

では、韓国はどうであろうか。韓国は大統領制を採用していることから、ほとんどの場合、日本の学生たちは強いリーダーシップを発揮していると答える。この答えは、学生たちにとどまらない。一般市民を対象とした講座でも同様であるし、韓国でも自分たちの大統領は強いリーダーシップを発揮しているとの回答が寄せられることが多い。本章は、このような常識的見解に対し検討を加えてみる。

一般的に言って、大統領制は強いリーダーシップをリーダーに与える仕組みというわけではない。議院内閣制よりも大統領制の方がリーダーが強いとは一概にはいえない。韓国の大統領も同様で、しかも近年ますますリーダーシップを発揮しにくくなっている。常識に反するかもしれないが、そう結論せざるを得ないことを、順に説明していこう。

選出のされ方

はじめに、大統領制と議院内閣制の違いを説明し、大統領制の方が強いリーダーシップを発揮できると考えられがちな理由を考えてみよう。両者の違いは、根本的にはリーダー選出の方法の違いにある。繰り返しになるが、大統領制ではリーダーである大統領は有権者が直接選挙で選出するのに対し、議院内閣制ではリーダーである首相は議会が選出する。大統領の支持基盤は有権者そのものであるのに対し、首相のそれは議会であって、有権者の直接的な信任を得ているわけではない。この違いから、首相よりも大統領こそ強いリーダーシップを発揮できると考えられることが多い。現代民主主義国家において、究極の主権者は国民であり、有権者である。彼らを直接代弁するリーダーの方が当然強いと考えられるからである。

それは、マスメディアの扱い方の違いにも表れやすい。韓国にせよ、アメリカにせよ、大統領はマスメディアを通じて直接国民に訴えかけることが多く、政治的争点として何が重要であるかを決める影響力の点で、国会議員など他の政治家を圧倒している。他方、首相が重要な演説をするのは国会である。マスメディアを通じた有権者へのアピールも重要であるが、国会演説の中継などを介することが多い。政治的争点をコントロールする上でマスメディアは重要であるが、首相よりも大統領にこそ焦点が当てられやすいということができるであろう。有権者を代弁しているだけでなく、大統領は国家元首でもある。国家的行事を執り行う機会も多く、露出度は当然に多くなる。就任式からして大統領と首相では全く異なる。韓国の大統領就任式は儀仗兵を並び立たせてパレードするなど、荘厳であり、テレビ中継が必ず入るが、日本の総理大臣就任では、天皇による任命式と閣僚を並べての記念撮影ぐらいしか絵になる光景はない。

しかし、選出のされ方に関する以上の説明は、事実の半面を述べたに過ぎず、これをもって大統領が強いとはいえない。確かに大統領は直接有権者が選挙で選ぶが、それは、議会との関係が首相に比べて薄いということも意味する。もし、リーダーが一人で政策を決定し、実施するのであれば大統領は強いのかもしれないが、民主主義社会ではそういうわけにはいかない。大統領が実現しようとする政策は、議会の賛成を得ないと実現することはないのである。首相は議会から選出されるため、多くの場合、議会の過半数の支持を得ているのみならず、議会のリーダーでもある。であれば、首相の方が議会を説得し政策を実現できる度合いは、議会との縁が薄い大統領よりは大きい、言い換えれば強いリーダーシップを発揮できるということができるであろう。選出のされ方という、両者の違いをもたらす差異は、大統領のリーダーシップにとって有利にもなれば不利にもなる両面を持っている。リーダーシップのあり方の検討は、もう少し丁寧におこなう必要がある。

肝心なのは説得力

一国のリーダーシップの強弱を論ずる際によく見られるのは、リーダーの個性に注目する視点である（Barber, 1977;1992; Neustadt, 1990）。例えば、首相のリーダーシップが弱いといわれる日本でも、古くは中曽根康弘、最近では小泉純一郎が強い個性を持ち強力なリーダーシップを発揮した。韓国の大統領の話をする際にも、彼らの個性は常に話題になる。民主化以前なら朴正熙のリーダーシップは現在でも話題になる。民主化以降でも、性格的にあっさりしていて「水大統領」といわれた盧泰愚から、メディアに直接顔を出して国民と対話しようとした盧武鉉まで、バラエティに富んでいる。

リーダーシップのあり方を考える上でリーダーの個性が重要であることは言を俟たないであろう。アメリカの大統領研究によると、大統領の個性は、人柄、性格、世界観、行動様式の四要素が重要で、これらが複雑に作用して活動エネルギーと職務への態度として現れる（Barber, 1977; 1992）。言い換えれば、活動量と、大統領としての職務を楽しんでいるかどうかである。ここで示された二つの軸は、大統領であれ、首相であれ、リーダーシップのあり方を面白く類型化してくれる。例えば、アメリカの大統領だと、ブッシュ（子）は活動量は大きくないが、職務を楽しんでいたのに対し、オバマはその逆であるとか、日本の場合、森喜朗は職務を楽しんでいたかもしれないが活動量は少なく、他方福田康夫は活動量は多かったが職務が好きではなさそうだとかである。韓国の場合だと、金泳三は森に似ていて、金大中は活動量が大きくかつ職務を楽しんでいたのに対し、盧武鉉は福田に近そうだとか考えることができる。大統領や首相に限らずとも、学生たちのクラブ活動のリーダーや会社・役所の上司を見ていく上でも楽しい視点を提供するものである。しかし、学生であれ、社会人であれ、私たちはこのようなリーダーシップの類型論が強さを説明する上で不十分であることを経験的に知っている。活動量が多く、その職務を楽しんでいるとしても、客観的にはリーダーシップを発揮できていないリーダーは少なくなく、逆のパターンを目にすることも少なくない。

それは、私たちが集団で何らかの活動をする場合、他のメンバーを説得する必要があることから来ている。集団行動をするためには、リーダー一人でできることは限られており、他のメンバーの助力が必要である。そのためには彼らのモチベーションを高め、能力をフルに発揮してもらわねばならず、リーダーの方針への同意が必要となる。一国のリーダーの場合も同様である。議会を説得し、官僚たちに政策を実施してもらわないと大統領も首相も何事もなし遂げることはできない。つまり、説得力こそがリーダーシップの肝であるということができる。

大統領や首相がはじめに説得しなければならないのは国会議員である。国民から直接選出されている議員は、民意を代弁する存在であり、民主主義を体現する正統性を持つ。制度的にも国会の承認を得なければ、リーダーの政策提案が法律となり予算となって実施されることは原則的にはない。そうであれば、リーダーの説得力の源泉は何であるのか、考えなければならない。

一般的に、説得力の源泉と考えられるのは、憲法をはじめとする制度、政党政治に由来する党派と、大衆的支持であるとされる（Neustadt, 1990）。それぞれ韓国の大統領に当てはめながら検討してみよう。

2　どんな制度的権力を持っているのか

大統領と議会の力関係

はじめに、大統領が持つ制度的権限についてみてみよう（なお、制度的権力と党派的権力については、建林・曽我・待鳥、二〇〇八を参照）。

リーダーシップに関連する制度的権限は、大きく二つに分かれる。それは、立法に関する権限と、国家元首としての権限である。後者は大衆的支持のところで併せて説明する。

立法に関する権限について説明しよう。大統領制は、議院内閣制とは異なり、一般的には立法府と行政府が明確に分かれ、立法権は議会に属しており、行政権限を担当する大統領は立法には口出しできないと説明される。原則的にはそうであるが、憲法上、大統領と議会は相互にお互いの権限に何らかの関与を認めている。三権分立が徹底しているアメリカでも、大統領は連邦議会が可決した法案に拒否権を行使できるし、連邦議会上院の承認なしに、大統領は長官など主要な行政職を任命することができない。大統領のリーダーシップが強いということは、大統領が立法権に関与する度合いが大きく、議会が大統領の行政権限に関与する度合いが少ないということだと言い換えることができる。

大統領の立法権への関与（Shugart and Haggard, 2001）は、議会が立法行為をおこなう前に関与する場合と、事後に関与する場合、議会が立法に関する権限の一部を大統領に委任する場合に分けられる。それぞれ、事前的立法関与権、事後的立法関与権、委任立法と呼んでおこう。

事前的立法関与権には、予算案や法案の提出権、戒厳令や大統領緊急命令など議会の審議を経ない立法行為などがある。事後的立法関与権の代表例は先ほどあげた拒否権である。委任立法に関しては、議会で大まかな方針を決めて詳細は行政法令に委ねるとするケースが主であるが、外交や通商などのように、大統領に方針・交渉を委ね、議会はその結果を承認するのみとすることもある。

このような憲法上の大統領権限は、韓国ではどうであろうか。事前的立法関与権に関していえば、韓国の大統領は内閣を通じて法案提出権を有しているほか、議会の事後承認を要するが、戒厳令、大統領緊急処分・命令があり、議会を迂回して国民に政策の是非を直接問う国民投票付託権がある。事後的立法関与権として拒否権が存在し、国会はこの行使を乗り越えるには全議員の過半数が出席し、その三分の二で再可決しなければならない。

これらの権限は、事後的関与権しかなく、予算案の提出すらできないアメリカの大統領と比べて、かなり強いということができるであろう。主要な大統領制諸国との比較で見ても、韓国の大統領権限は強い方である（Shugart and Haggard, 2001）。日本に住む私たちにとってイメージしやすいのは、知事や市町村長などの自治体の首長であろう。彼らは予算提案権、条例提案権を有し、議会が首長の思惑通りに議決しない場合、再議請求という形で事実上の拒否権を発揮できる。緊急時には、専決処分といって、議会の審議を経ずに自治体としての決定をおこなうことができる。韓国の大統領はこれほど強力ではないし、国と地方では位相がそもそも異なるが、アメリカの大統領をイメージするよりも制度的には近いということができるであろう。

家族に徴兵逃れがいないか

ただし、国会の行政権限への関与も小さくない。韓国は大統領制ではあるが、日本の総理大臣に相当する国務総理が存在する（大西、二〇〇八）。国務総理には閣僚招請権、副署権があり、国務総理の同意がないと、大統領は閣僚を任命することも、法案を提出することもできず、各種の法令を発することもできない。その国務総理の任命には国会の同意が必要である。罷免は自由なので、フランスのように大統領と首相が国政権限を共有する半大統領制ではないが、国会の行政への関与は明確である。

大統領は国務総理を罷免することができるが、一度この権利を行使すると、国政停滞が生じやすい。次の国務総理任命に手間取ることが多いためである。国会は、仮に大統領与党が議席の過半数を占めていたとしても、任命同意案をなかなか通してくれない。国会は国務総理として大統領が推薦してきた候補者の身体検査を徹底しておこなうが、家族に兵役逃れがいたとか、資産形成に不自然な点があるなどの理由で見識をただされ辞退や撤回に追い込まれることがしばしばである。例えば、金大中大統領は、二〇〇二年七月に辞任した李漢東総理の後任を、国会での承認を得ることができなかったため十月まで決めることができず、この間総理空席の状態が続いた。二〇一四年四月、フェリー・セウォル号沈没事件の責任をとる形で当時の国務総理は辞任を表明したが、朴槿恵大統領は後任指名に二度にわたり失敗し、辞任するはずの総理を留任させることになった。

ここまで述べた権限に対する憲法上の制約のみならず、大統領の権限にさらに制約を加える動きが相次いでいる。第一に、国務総理以外の閣僚も、国会人事聴聞会の審査を経ることになっているため、国会から見て不適当と思われる人物は大統領や国務総理が同意していても閣僚にすることはできない。大統領の行政権限は、国務総理を含む閣僚を通じて行使されるので、国会はこういう形でリーダーシップを抑制することができるのである。なお、国会は国務総理や閣僚を含む国務委員解任建議権がある。この権限は、日本の参議院における問責決議案のようなもので強制力はないが、多くの場合大統領は決議を尊重せざるを得ない。

第二に、大統領の立法関与活動を大幅に制約する国会先進化法が二〇一二年五月に成立した。この法律は、議長による本会議への職権上程を大幅に制限するものである。同法によると、与野党間で意見の食い違いがある法案を本会議に上程するには、在籍議員五分の三以上の賛成が必要である。つまり、大統領与党が五分の三以上の議席を有していない限り、事実上野党に拒否権が生じるため、大統領は自分の政策を実現することが相当困難になった。実際、同法が本格的に効力を発揮した朴槿恵政権では、法案処理率が極端に低下し、三〇％台に落ち込んでいる。大統領のリーダーシップは議会との関係で制度的に相当制約されているといわねばならないであろう。

大統領は議会以外の政治主体との関係でも様々な制度的制約を受けている。それは、大統領からも国会からも独立した憲法機関の存在である。日本の最高裁判所とは異なり、韓国の憲法裁判所は積極的に違憲判決をおこなうという意味での司法積極主義をとっている。憲法裁判所の裁判官のうち、大統領が推薦できる裁判官の数は全体の三分の一にとどまる上、裁判官の任期は大統領よりも長いので、憲法裁判所に大統領が影響力を行使することは難しい。例えば、憲法裁判所は、盧武鉉政権が最重要政策としていた首都移転政策を違憲と判断した。その結果、盧武鉉は首都移転を断念せざるを得なくなった。李明博政権に対しても、従軍慰安婦問題で日本と交渉しないことを不作為の違憲と判決している。李明博政権が対日強硬姿勢に転じたのはこの後である。李明博は、前任である盧武鉉が理念にとらわれるあまり対米、対日関係を悪化させたと非難し、実利を目指す実用主義外交を掲げて日本との関係も改善していた。しかしその姿勢が違憲とされた以上、政策転換せざるを得なくなった。日本でも一票の格差の是正などで国会の定めた法を憲法違反ないしは違憲状態とする判決が増えてきているが、政府の政策を覆すという意味で韓国の司法の力は比較にならない。この他にも、選挙政策に強くコミットしている中央選挙管理委員会や監査院など大統領から独立した憲法機関が存在し、リーダーシップに制約を加えているのである。

3　どんな党派的権力を持っているのか

選挙制度のポイント

ただし、以上に述べた制度的制約も、大統領が個々の国会議員を説得できれば多くは乗り越えることができる。現代は政党政治の時代なので、政党を単位にして考えてみると、大統領がどれだけ党派的権力を有しているかによって、説得力の度合いも変わってくるのである。

政党政治を語る上で欠かすことができないのが選挙制度である。そのあり方が、政党システムを大きく規定している。一般に、小選挙区制は二大政党制に、比例代表制は多党制につながりやすい。大統領選出方法と議会の選挙制度の関係も重要である。選挙における最多得票者を大統領とする単純多数制と、小選挙区制の組み合わせの場合、議会には二大政党制が成立し、大統領は二大政党のいずれかから出る可能性が極めて高い。それゆえ、政策形成、執行の責任は、大統領所属政党か野党かのどちらかとなり、比較的明確である。アメリカはこの例である。大統領制ではないが、現在の日本やイギリスもまた二大政党制をうみだしやすい仕組みになっている。ただし、日本の場合、比例代表との重複立候補が可能な選挙制度や、参議院の存在が単純な二大政党制をうみだすことへの阻害要因となっている。

しかし、フランスのように最多得票者が得票率五〇%を超すまで大統領選挙を続けるとか、東欧諸国のように議会議員選挙が比例代表制の場合、議会は多党制となって過半数を単独で占める政党は存在せず、大統領は複数の政党によって支えられることになる可能性が高い。そうなれば、政策は大統領と複数の与党間の妥協の産物となるので、政策責任が曖昧になりやすい。責任が曖昧になるということは、言い換えれば大統領がリーダーシップを発揮しにくいということである。

この基準からすると、韓国は党派的権力を大統領が得やすい面があるといえる。大統領選挙は単純多数制である。国会議員選挙は小選挙区比例代表並立制だが、議席配分が小選挙区二百四十六、比例代表区五十四と、小選挙区に重点があるため、政策責任は比較的明確になりやすいといえる。実際に、韓国の政党制は右派政党と左派政党、その他の小規模政党からなり、大統領は二大政党以外から出たことがない。大統領は与党を通じて先に説明した制度的制約から抜け出しうるといえそうである。

しかし、選挙制度に関するもう一つのポイントが、党派的権力を抑制する方向に働く。それは、選挙サイクル（選挙の間隔）上の特徴である（浅羽・大西・春木、二〇一〇）。韓国の大統領は五年任期で、続けて二期務めることはできない。他方、国会議員は四年任期である。最近の選挙でいうと、二〇一二年四月に国会議員総選挙、二〇一二年十二月に大統領選挙がおこなわれたが、次の選挙はそれぞれ、二〇一六年四月、二〇一七年十二月である。大統領選挙は十二月、国会議員総選挙は四月におこなわれるので必ず両選挙の時期がずれる上、ずれ方が二十年周期で変わる。

選挙の時期がずれると、大統領与党は議会選挙で不利になる傾向がある。大統領選挙と国会議員選挙が同日の場合、コートテイル効果といって、大統領人気にあやかって与党議員が当選し国会の過半数を与党が占めることになりやすいが、国会議員選挙の時期が大統領選挙からずれればずれるほど、国会議員選挙の性格が大統領への中間評価となり、批判票が増えて与党が過半数割れを起こしやすくなる。実際に二〇一六年の国会議員総選挙では与党が過半数割れをおこしてしまった。

議会との「ねじれ」

大統領与党が過半数の議席を占めていない状況を、分割政府という。分割政府になると、日本でいう「ねじれ国会」とよく似た現象が生じる。日本では、衆議院と参議院の多数派政党が異なる場合、衆議院の多数を占める与党・政府の政策を参議院が認めないため政策決定をすることができず、「決められない政治」につながったといわれてきた。大統領制の場合、同様のことが大統領と議会の間で生じうる。大統領の所属政党が議会で少数派の場合、大統領の提案を議会が認めないのである。韓国は分割政府に陥りやすい選挙サイクルとなっている。大統領任期が五年間に限られるのも問題で、任

		分割政府の可能性			
		大変低い	低い	高い	大変高い
制度的権力の強さ	独裁的			アルゼンチン	ロシア
	強い		チリ (1989-1993) ペルー	ブラジル (1994-) チリ(1997-) ジョージア 韓国 コロンビア エクアドル フィリピン 台湾(-1997)	ブラジル (1986-1990)
	穏やか	グアテマラ	ボリビア ドミニカ共和国 (1966-) ウルグアイ	ドミニカ共和国(1998-) エルサルバドル アメリカ	
	弱い	コスタリカ ニカラグア パラグアイ			

表1　大統領の制度的権力と党派的権力
出典）Shugart and Haggard, 2001,p98より一部変更

期も後半になると、大統領が実質的に統治能力を喪失することを意味する、レイムダック状態に陥りやすい。

選挙に負けたくない与党議員は、大統領任期後半に国会議員総選挙がある場合、支持率の落ちた大統領との差別化を図るべく大統領を批判することも不思議ではない。党名すら変えてしまうこともしばしば生じる。そうすれば大統領の影響力はますます落ち、リーダーシップを発揮できなくなるのである（Hahm, Kamlet and Mowery, 1995; Cutler, 1988; Kiewiet and McCubbins, 1991; Sundquist, 1986）。

制度的権力と党派的権力の関係を、他の大統領制諸国との比較でまとめたのが**表1**である。韓国の大統領は憲法上の権限は強いが、分割政府、すなわち、議会との関係でいわゆる「ねじれ」が発生しやすい。言い換えれば、制度的権力は強い方

で、党派的権力は弱い方である。しかし、フィリピンやブラジルなど、韓国と同等に考えてよい国は多く、特別に強くも弱くもないというべきであろう（ただしこの表は二〇〇〇年を基準に作成されたものなので、閣僚候補に関する人事聴聞会の制度化や国会先進化法などは視野に入っていない点に留意すべきで、党派的権力はこの表より一層弱くなっていると考えられる）。

4　超党派的権力とは何か

「我々」ではなく「彼ら」の大統領？

最後に、大統領の持つ超党派的権力について考えてみよう。大統領は二つの面で超党派的権力を持ちうる。一つは、首相と異なり、国家元首であることからくる国家・国民統合の象徴としての機能であり、もう一つは大統領のみが全有権者の投票により選出されることから生じる国民的支持である。

前者についてみてみよう（砂田、二〇〇四）。

大統領がいかなる党派出身であっても、仕事の性格から超党派的存在とみられ、またそのように振る舞う必要がある。大統領の発言や行動が国家元首としてのものなのか、特定の党派を代表する執政長官としてのものなのか、区別が難しいことが多い。これは大統領にとって諸刃の剣のようなもので、大統領の党派的見解が全国民的な利益を代弁するものとして正当化され、説得力を持つこともあれば、逆に大統領とは異なる党派から、あの大統領は国民全体の大統領ではなく、「我々」ではなく「彼ら」の大統領だと批判され、国論の分裂を引き起こすこともある。国家元首としての機能をうまく利用できるかどうかは大統領の説得力を大きく左右すると考えられる。第4章で説明した「地域主義」についての盧武鉉の政策がこのいい例である。盧武鉉は、地域主義を克服するために、小選挙区中心であった選挙制度を変更し、中・大選挙区制や圏域別比例代表制に変えるよう主張した。地域主義は韓国政治の問題点として多くの韓国人が認めているところであるし、彼の主張は彼の所属政党のためというよりは韓国政治全体のためといえないことはない。しかし野党も新聞など保守的マスメディアもそうは受け取らなかった。「彼ら」の利益になる話であり「我々」は損をすると考えられたのである。

後者の国民的支持についても同様である。全国民を選挙区として、しかも唯一選出される大統領は、自身こそが国民を代表しており、民主的正統性は国会議員よりも自分の方があると認識しがちである。しかも、大統領は国会議員と異なり、行政のトップとして警察を含む官僚機構、軍隊を率いており、物理的強制力を有する。それゆえこの認識は一歩間違えれば、いうことを聞かない議会を排除し、独裁体制に向かう誘惑に駆られることになる（Linz,1990; Mainwaring, 1993; Valenzuela,1994）（ただし、大統領制が民主主義体制として不安定であるとはいえない。Cheibub, 2006）。

そこまで行かなくても、大統領は国民的支持から二つの影響力を得ることがある。

一つは、アジェンダ・セッティング能力である。マスメディアに露出することの多い大統領は、現在の政治的テーマが何で、いかなる争点が重要なのかを言動を通じて規定する力がある。この能力を活用できれば、世論を誘導し、国会を説得することが可能になる。例えば、今や時代の趨勢である電子政府化への動きを始めたのはアメリカのクリントン政権であるが、副大統領であったゴアが打ち出した情報スーパーハイウェイ構想が決定的に重要であった。日本でも、国会議員はおろか国民の間でも支持する人が多くなかった郵政民営化を進めることができたのは、小泉総理の巧みな争点提示によるところが大きい。韓国でも同様である。金泳三政権まで、韓国は日本文化の流入を極端に制限してきたが、金大中政権になって一挙に開放する。当時の韓国社会では日本の文化侵略に対する警戒心は強く、日本的な要素をいかにして韓国社会から追い出すかが課題と考えられていた。その趨勢を転換させたのは彼の問題提起であった。

もう一つは、国民的支持そのものが持つ議員への圧力である。人気のある大統領の方針に反抗すれば、国会議員は大衆そのものを敵に回し、次の選挙で落選の憂き目に遭う可能性が高まる。それゆえ、国民的支持という圧力が議員を大統領支持に向かわせるのである。ただし、すべての大統領が、任期中いつも国民的支持を得ているわけではない。支持率が下がれば、アジェンダ・セッティング能力も議員への圧力も低下する。民主主義体制の下では、支持率を管理するための制度上の道具立てを考えることは難しい。超党派的権力を活用できるかどうかは、個々の大統領の技量や性格に依存しているといえる。

以上の説明は大統領制諸国一般にいえることであるが、韓国でも同様で、比較的支持率の高い任期前半に大統領の業績が集中し、後半にはどの大統領も点数を上げにくいのは支持率低下のためと考えられる。

ファンクラブの支持から誕生

ただし、大統領と国会議員、有権者の間には二十一世紀に入って大きな変化が見られる。先進国共通の世界的傾向として、議会制民主主義に対する不信が生じている。どこの国でも、大統領や議会、政党に対する有権者の信頼は低下している。この状況を二十世紀半ば、第二次世界大戦後に確立し、冷戦終了によって確証されたはずの議会制民主主義の危機と捉える政治学者は多い。こうした不信は、リーダーと有権者の直接的なつながりを重視する極右政党の台頭という形をとって西欧諸国に表れている。日本における大阪維新の会も同様かもしれない。

韓国でも大統領や国会に対する有権者の信頼は低下している。しかし、大統領に関していえば、大統領選直後に信頼感が急速に高まるという現象が発生している。西欧の極右政党に見られるのと同様に、大統領と有権者が選挙を通じて直接的につながっている、議会を媒介せずに大統領こそが民意を代弁していると感じられるのであろう。

例えば、盧武鉉大統領はノサモ（「盧武鉉を愛する人々の集まり」の略語。大西、二〇〇四）というインターネット上に形成されたファンクラブの熱狂的な支持を背景にして誕生した。盧武鉉は、自身を大統領候補に選んだ政党よりも、ノサモを重視し、ノサモもそれに応えた。これは大統領と有権者の間に直接的なつながりが重視されたものとみることができる。同様のことが、二〇一二年の大統領候補となり途中で辞退した安哲秀にも見られる。もしこのつながりを維持管理することができるならば、韓国の大統領は超党派的権力によって、障害となる制度的制約と党派的制約を乗り越えて強いリーダーシップを発揮できるかもしれない。

実態とイメージのギャップ

大統領制国家では大統領が強いリーダーシップを発揮しているというのは、私たちがよく抱いている執政制度に関するイメージである。おそらくこのイメージは、世界で最も影響力のある国であるアメリカが大統領制であり、国際的に強いリーダーシップを発揮していることから形成されているのだろう。しかし、本章で検討してきたように、制度的に丁寧に見ていけば、大統領制だからといって強いリーダーシップが得られるわけではないことがわかる。私たちが抱く錯覚は、アメリカという国の強さと、それを代表する大統領とを混同しやすいことから来るのであろう。実際にはアメリカの大統領もリーダーシップを発揮できていないのである。

大統領は強いリーダーシップを発揮できるはずだというイメージは、多くの韓国人も有している。しかし韓国の大統領は、それほど強力なリーダーシップを発揮できる環境にはない。ここで生じる実態とイメージのギャップは大統領を苦しめることになる。強いリーダーシップへの国民の期待は、それが発揮されない場合、失望へと変わる。民主化以降、すべての大統領が任期末期に国民的な批判を浴び、失政と罵られ、次期大統領選挙では与党候補からすら現職大統領の路線との決別を宣言された上で、退任していく。韓国の大統領の末路に哀れさが伴うのはギャップの大きさによるものかもしれない。

第6章　変貌を遂げる市民社会
——エリート主義から多元主義へ

1　韓国社会は過激なのか

よりセンセーショナルな動きを伝える

二十一世紀冒頭、日韓ワールドカップの頃からか、韓国に関する報道が日本でも劇的に増え、それと同時に韓国の人々が過激なパフォーマンスを伴いつつ日本に対し批判的なデモをおこなうシーンを見ることが多くなった。日韓の間には様々な問題、見解の相違があるが、それを道徳的に非難する姿に疑問を感じた人も少なくないと思う。テレビで映されるパフォーマンスに対して、なぜあんなに過激なのだろうかと感じるのは不思議なことではない。韓流ブーム以降、韓国に親近感を抱いていた人々が反日デモを見て裏切られたと感じたことも多かったようだ。

ただ、韓国に限らずこういったニュースに接するとき、私たちは次の二つの点を念頭に置いておく必要がある。一つは、報道は多くの場合、その国の人々の平均的な反応を伝えているわけではなく、よりセンセーショナルな動きを伝えているのだということである。二〇一五年の安全保障法制に対する若年者の反対運動が世界的に大きく報道され、日本の若者もついに政治に目覚めたとのニュースが流れた。しかし報道とは逆に、多くの若年層はこの反対運動にコミットしていないことは、周囲を見渡せば分かることであろう。報道は人々の耳目を集めねばならないのでどこの国でも過激な側面に光を当てる傾向がある。それだけバイアスがかかっているのである。

もう一つは、海外からの報道は自国民に関係のある側面を捉えることに注力する傾向がある点である。私たち日本に住む人々の場合、日本のマスメディアは日本に関連のあるニュースを流す。そうすると私たち情報の受け手は、その国で日本のことが大きな話題になっているように感じたり、日本に対してとりわけエキセントリックな行動をとっているように感じたりする。先ほどから例として取り上げている韓国の反日運動であれば、その報道に接したとき、韓国内で対日関係がとりわけ重要なように思えたり、日本に対してとりわけ厳しいレスポンスを示しているように感じたりするであろう。しかしこれらの感じ方は、マスメディアの性格を理解して私たちの方で修正しなければならない。日本の報道だからそのように報じているに過ぎない可能性が高いのである。

これらの補正の必要性からすれば、私たちはいま例として取り上げている反日報道について次の点に注意を払う必要がある。

第一に、報じられている対象は誰なのかである。それは一般市民ではなく、この問題にコミットしている団体のメンバーであることがほとんどである。ではそれは一般市民の平均的な姿勢なのだろうか。第二に、日本はそれほどこの国にとって重要なのか、日本に対してのみ過激なのか、という点である。韓国にとって日本は重要な国の一つであることは間違いないが、いつも念頭に置かねばならないような国ではない。例えば、私たち一般市民にとっても外交は重要であり、日本に最も重要な国であるアメリカは存在感があるが、私たちにとっての日常最大の関心事はそこにはないであろう。

韓国人にとっても同様である。アメリカと比べて遙かに存在感の劣る日本のことを常に考えているわけではないと想像するのが普通だろう。とすれば、過激なパフォーマンスも、日本にだけおこなわれると考えるのは不自然である。むしろ、デモ活動は一般的に韓国では日本と比べて過激なのだと考える方が自然である。

つまり、私たちが報道を通して得られる、韓国社会に関するより一般的な理解は、争点は何にせよ、過激なアピールをおこなう団体が韓国には存在する、ということである。そして、これこそが実は韓国内でも定着していた市民団体を眺めるイメージであった。例を挙げよう。

二〇〇八年春、就任したての李明博大統領は、米国産牛肉輸入をめぐる激しいデモの洗礼を受けた。大統領は、輸入解禁を手土産にアメリカを訪問したが、BSE（牛海綿状脳症）感染の疑いが十分に拭えない中でアメリカが要求する解禁に応じたことが強く非難され、反対デモは首都ソウルの中心部を埋め尽くした。デモはそれにとどまらず、李明博政権に好意的だった保守的な新聞社への批判、さらには反政府デモの様相すら呈した。デモの結果、大統領は全面謝罪、大統領秘書室陣退陣にまで追い込まれたのであった。

このように、韓国では過激なデモなどを通じて自分の主張を繰り広げる市民団体が存在し、政治に対して影響力を有しているのである。

この市民団体のイメージは、日本のそれとは対照的である。日本の市民団体はNPOという名称で理解されることが多い。どちらかというと草の根的で、行政とも協力しつつ、福祉や環境問題など社会問題の現実的な解決を目指している。本章では、なぜ韓国ではこのようなイメージが持たれるのか、それは本当に現実の市民社会の姿なのかを考えていこう。

2　エリート主義、包括性、アドヴォカシー

国家と市民の間

韓国の市民社会に踏み込む前に、市民社会を構成する団体とはいかなる存在なのかを見ておこう。

市民社会は先述の市民団体を含む様々な団体で構成されている。団体、正確には中間団体とは、文字通り国家と市民の中間に存在する団体である。私たち人間は個人個人が孤立した状態で生存することは不可能なので、集団として社会生活を送っている。集団化した組織のうち、私たちに最も身近な

のは家族と企業であろう。家族は自然発生的な共同体である。他方、企業は私たちに必要な商品やサービスを生産して人々の生活に貢献している。これに加えて、社会全体の公益実現のために結成されるのが国家である。これら三つのいずれにも当てはまらない集団が団体である。

団体は多種多様で、デモなどの政治活動をおこなうのはその一部である。ギタークラブやゴルフの会などの趣味の団体もあれば、農協や古典芸能保存会などある種の職業利益を代表する団体もある。

団体は通常、設立目的に掲げられた活動をしているが、政治活動をすることもある。団体が政治活動をするとき、団体のことを利益集団とか、圧力団体という。しかしすべての団体が政治活動をしているわけではなく、現在政治活動をしている団体がいつも政治的であるというわけではない。利益集団や圧力団体としての顔は、基本的には団体の持つテンポラル（一時的）なものだと考えておくべきだろう。その点で政治に常にコミットし、政治活動以外の存在意義はない政党とは大きく異なる。団体は、議員や政党、行政機関に働きかけることによって影響力を発揮する。働きかけはロビー活動のようにインサイダー的なものもあれば、デモやマスメディアを対象とした記者会見など、アウトサイダー的なものもある。しかし、多くの団体にとって政治活動は本来の目的ではなく、団体設立に関する本来の目的を達成するためになされるものである。それゆえ、圧力団体などと私たちが呼ぶとしても、彼らが自分たちのことをそのように考えることは通常ないと言ってよいであろう。

多くの場合、団体は何らかの特定の目的を持つ人々が、その目的を達成するために集合したものである。人々は、その目的達成のために団体のメンバーとなり、会費や寄付の形で資金を提供し、マンパワーとして働きもする。人々は通常、その団体の活動に参加し、フェーストゥフェースのおつきあいをする。テニスクラブであればテニスコートを借りるためにお金を出し、メンバー同士でテニスを楽しむだろう。団体の目的は多くの場合、団体構成メンバーの利益促進である。しかし近年、このような、団体であれば当たり前の特徴を有さない団体が世界的に急増してきている。

一つは、メンバーシップなき団体と呼ばれるものである（Putnam, 2000）。団体は本来メンバーがいてこその存在であるが、シー・シェパードやグリーン・ピースなどのＮＧＯ団体は、一部の活動家のみで構成され、活動資金は、インターネットなどで伝えられた設立目的と活動内容への賛同者の寄付でまかなっている。普通の団体であれば、多くの参加者が意思決定を含めて活動全体に参加するが、こういう団体は活動家の活動とそのためのコスト負担を区分している。これらは第三次集団（三次結社）と呼ばれ、今日世界的に急速に増大している。なお、第一次集団とは家族のような共同体（Community）をさし、第二次集団とは会社やこれまで説明してきたような団体（Association）をさす。

もう一つは、その目的が構成員の私的利益ではない団体である（Salamon and Anheier, 1997）。改めて言うまでもないが、ギタークラブであればメンバーがギターを楽しむという個人的な利益の実現が目的である。農協であれば生業である農業を育成し、構成員である農家の所得向上が目的である。このような団体の場合、構成員は団体の活動が外部にどういう影響を与えるのかに基本的な関心はない。しかし、その目的が公共的または利他的で、構成員以外にも恩恵が及ぶことを期待する団体が近年急増している。

そして、これら二点こそが韓国の団体の特徴とされてきたのである。

政治的な志向性

韓国の市民団体の特徴は、一言でいえば、包括的、アドヴォカシー（政策唱道）中心、エリート主義である（チェ・ナッカン、二〇〇四、大西、二〇〇九）。

第一に、組織的には多くの市民団体は集権的な意思決定構造を有しており、少数の幹部が決定的な影響力を有する。他方、一般市民への広がりは狭く、参加の形態も主体的に意思決定に加わる形の参加ではなく、寄付金など間接的なものにとどまっている。メンバーシップがはっきりしたボトムアップ型の団体とはいえず、「市民なき市民団体」と揶揄されるのもしばしばである。例えば、ジュ・ソンス（二〇〇二）によれば、主要五十一個のＮＧＯでは意思決定機構である代表機関、諮問機関、執行機関の構成員のうち、全体の六割を「市民運動家」と称される活動家と大学教授を主とする教育者が占めており、とりわけ執行機関となるとほとんどが活動家である。

第二に、関心の範囲が広範囲だが立法活動や争点掘り起こしに偏り、政策実施過程など市民が直接ガバナンスに関与することに活動の重点を置いていない。韓国を代表する市民団体である、経済正義実践市民連合（経実連）や、参与連帯がその典型例で、関心の広さから「百貨店式市民団体」と呼ばれる（趙、二〇〇四）。政策唱道に活動の重点があるため、政治性を帯びやすい。

前節の言葉で言えば、韓国の市民社会を構成する団体は第三次集団的であり、かつ公共目的、言い換えれば政治的な志向性に傾斜している。世界の流行にマッチしているともいえるが、メンバーシップを重視する伝統的な団体観からかなりかけ離れた存在である。これらが市民社会の特徴だというのは、とりわけ日本から見れば異様に映る。それのみならず、ここまで注目してきたのは全国規模で活動する代表的な市民団体であって、その検討から引き出された知見が市民社会全体に対し一般性を有するとはいえない。代表的な市民団体に着目することは重要であるが、それが韓国の市民社会の平均的な姿からはかけ離れている可能性がある。

そこで、こうした市民団体の特徴は、市民社会全体にどのように位置づけられるのかを見ておこう。筑波大学の辻中豊教授・韓国高麗大学の廉載鎬《ヨムジェホ》教授らの研究グループが、一九九七年に韓国で市民団体に限定されない様々な中間団体を対象に実施したアンケート調査（辻中・廉、二〇〇四）によると、韓国の市民社会を構成する団体は、内部構造についてはは市民団体と同じくエリート主義的で集権的な性格を有しており、自治体などのローカルなもの、草の根に発するものへの関連性が弱い。アドヴォカシー性については十分検証できていないが、当時アドヴォカシー性が強いと評価されていた、農業、市民、労働団体などが革新化し、活性化しているのに対し、経済、教育、行政、専門家団体などでは保守化が進行するという両極構造が生まれている。これは、市民団体に関する理解をほぼそのまま市民社会全体に拡げてもいいことを示している。

ただし他方で、彼らの研究からは、韓国の市民社会が日本と類似しているとの指摘もなされている（辻中・李・廉、一九九八）。日韓とも、経済、専門家団体などの産業関連団体の形成が他の団体に先行していること、政治、市民、福祉団体が最後発であることなどである。一九九七年段階では、産業関連団体が市民社会において比較的大きな割合を占め、他方市民系団体の割合が少ないことも共通する特徴ということができる（辻中・崔・久保、二〇一〇）。

3　政治的な市民団体の登場

一枚岩ではなかった民主化運動

エリート主義、包括性、アドヴォカシーという特徴を、なぜ韓国の市民社会は有するようになったのであろうか。その理由は、民主化のプロセスに求められると考えられている。

民主化は市民社会の形成に大きな影響を与える。日本の場合、現在の民主主義体制につながる直接的な民主化は、第二次世界大戦での敗戦の結果おこなわれた連合国占領軍による民主化改革である。戦前に大正デモクラシーを経験するなど当時の日本社会にも民主主義の芽が存在していたが、直接的には占領軍の影響が大きい。その意味では、私たち日本人は民主化運動を、現在につながる形では経験していないということになるであろう。他方、韓国は一九八七年に激しい民主化闘争を経て民主化した。とりわけ、六月に全国の街角を埋め尽くしたデモ行進は当時の独裁政権にとって致命的で、次期大統領与党候補であった盧泰愚による民主化宣言を引き出すことになった。余談になるが、民主化運動成功の経験は、市民の政治意識に大きく影響を与えている。自分たちはその気になれば政治を動かし得るのだという政治的有効性感覚が、日本人に比べて全体として高いとされるのはそれゆえである。

ただし、当時の民主化運動は、一枚岩というわけではなかった。運動は、大きく二つに分かれていた（任赫伯、一九九四）。一つは穏健保守野党の勢力で、もう一つは急進民主化勢力である。前者は、独裁政権時代を通じて民主化を訴え続けてきた勢力であるが、非民主的な独裁政権のもとでもその存続を許されてきたともいえる。民主化を掲げはするものの相対的に保守的で、独裁政権と同じく、北朝鮮に対し敵対的でアメリカとの同盟関係を肯定し、市場経済を是としていた。

他方、急進民主化勢力は学生運動や労働運動、一部のキリスト教勢力などからなる。穏健保守野党と理念的に違いはないものもあるが、全体として進歩的で、北朝鮮に融和的な一方で、アメリカに批判的で、経済政策に対しては社会主義、あるいは社会民主主義的な補正が必要と考えていた。このように彼らが考えるのは、大きく二つの理由がある。一つは、当時の韓国経済が抱える貧困問題・格差問題である。韓国経済は一九六〇年代後半以降急成長して、一九八〇年代に新興工業経済群（NIES）の一員として脚光を浴びるが、その恩恵はもっぱら一部の財閥にもたらされ、労働者や社会底辺層の貧困問題は深刻であった。このような状況にあるのは、韓国経済がアメリカを中心とした世界経済に組み込まれているがゆえであるという経済学理論が、韓国内で流行していた。従属理論という。この理論によると、世界の富は最終的には世界経済の中心であるアメリカに集積し、周辺部にある韓国は収奪されるばかりである。アメリカから離れないと、韓国の貧困問題は解決できないのである。もう一つの理由は、この裏返しでもある北朝鮮への憧憬である。今では想像することも難しいが、当時北朝鮮は今日のように政治的にも経済的にも否定的に見られていたわけではなかった。韓国とは違い、政治的には大国に依存せず自主独立しており、経済的には豊かではないにせよ、韓国ほど貧富の格差はないと考えられていた。それぞれ、象徴的なエピソードを紹介しよう。一九八八年、学生だった筆者は韓国人の友人に誘われて民主化間もないソウルを訪れた。驚くことが多かった。韓国最大の公立大学であるソウル市立大学の正門の地面には、アメリカ大統領であるレーガンの絵がペンキで描かれていた。彼の顔を踏まないと、学内には入れなかったのである。また、高麗大学の前にある居酒屋で友人と飲んでいると、ふすまを隔てて隣のグループが急に歌を歌い始めた。友人が身構えて、これから君は日本語をしゃべるなという。何事かと思うと、ふすまが急に開いて、隣のグループが一緒に歌って踊れという。なんと、金日成をたたえる歌であった。

このような違いから、両者の間には民主化後の目標と民主化のための戦術に相当な差異が存在した。急進民主化勢力は、社会主義すらも視野に入れ、民主主義の実質化を追求していた。

他方、野党は穏健かつ保守的で、大統領直接選挙制導入など手続き的な民主主義の実現を重視していた。両者は協力することもあるが、信頼関係はなかった。野党と急進民主化勢力の関係は、日本でいえば一九六〇年代末から七〇年代にかけての社会党・共産党と全共闘世代の関係に近いかもしれない。当時、社会党、共産党は日本の資本主義体制そのものを変更し、社会主義革命が必要であると主張していた。ただし、議会制民主主義そのものを否定してはいなかった。他方、全共闘など過激派学生運動は、議会制民主主義も否定し、暴力を用いてでも革命を起こすべきと主張していた。韓国に比べると、日本の方が野党も全共闘世代もより左に寄っているが、両者とも社会主義という目標を大きくは共有している一方で、その中身や、手段を異にするという点で、そしてそれゆえに協調するのが難しいという点で両者の関係は韓国の場合と類似していた。

民主化勢力はまとまりを欠いていたが、民主化デモ直前に発生した朴鍾哲事件が事態を大きく動かした（大西、二〇〇六）。当時ソウル大の学生運動家であった朴鍾哲が政府の拷問で死去し、しかも死体が無造作に遺棄された事件を契機に、野党と急進民主化勢力は民主化のための共同対策本部を設けて大規模なデモを組織した。デモは、サラリーマンなど普段民主化運動に参加しない人々をも動員することに成功し、ソウルをはじめ全国の主要都市の街路をデモ隊が埋めつくした。その結果、政府が全面譲歩して六月末に民主化宣言が出されることになった。

しかし、野党が急進民主化勢力と協調したのはここまでで、民主化宣言以後は政府と連携することになる。野党にとって、民主化宣言で民主化の主要目的は達成しており、これ以上の過激化は望ましくなかった。六月の民主化デモ以降、七、八月に労働基本権の充実などを訴える労働者大闘争が急進民主化勢力によって引き起こされたが、野党は労働者の自制を求めるのみで、政府の弾圧を事実上見過ごした（尹相喆、一九九七）。

言い換えれば、韓国の民主化は、民主化勢力のうち一方の急進派勢力を、利用しつつ排除した上での民主化であった。急進民主化勢力にとって不満の残るものであったが、彼らがそれを政治的に表現することもできず、民主化後政治社会から排除された。政府も国会も、過去の独裁政権の系譜を引く与党と穏健保守野党に独占されたままであったのである。

それゆえ、彼らが政治的に活動を続ける空間は、議会や大統領府といった政治的決定の場から離れた場外に限られた。政府や野党の活動の場を「制度圏」と呼び、場外政治の場を「在野圏」と韓国では呼んでいたが、これなどはその象徴である。

盧泰愚政権時代、彼らによる場外政治は活発に展開された。急進的な学生運動や労働運動がそれで、一九九一年五月の闘争が一つの極点となった（ジョン・ジェホ、二〇〇四）。同じく民主化勢力であるはずの穏健保守野党はこうした活動を支援することなく、労働者大闘争時と同様、盧泰愚政権も抑圧が可能で「公安政局」と呼ばれた。

しかし、排除された急進民主化勢力のある部分は、その後市民運動、市民団体として復権する。その代表例が経実連である。経実連は、盧泰愚政権時代、財閥への経済力集中、環境問題など社会経済的な問題をとりあげ、テレビなどマスメディアに顔を出し、現政権の対応の不当性を訴え、解決策を提案する活動を展開する。経実連に参加する活動家は、かつての急進民主化勢力のように正面切って体制転換を主張したりはしない。現下の法秩序のもとで解決することを目指したのである。一九八〇年代に作られ、かつては急進的な運動を展開してきた環境運動団体や女性運動団体も、現在直面する個別課題に取り組む、より現実的な団体として方針転換していく（磯崎、二〇〇四）。

彼らの活動は、政党政治が機能麻痺に陥っているとの認識が広まる中、一層耳目を引くものとなる。第4章で述べたように、有権者の投票行動は地域単位で支持政党が明確に異なる地域主義によって規定されるようになった。各政党の基盤とする地域には保守から進歩まで様々な有権者が存在するため、その要求を満たそうとすると政党活動が総花的になりやすい。それゆえ、社会経済的な争点を取り上げることが難しかった（大西、二〇〇四）。他方、市民運動・市民団体は、社会経済的な問題を解決するため、問題をすくい上げ、代替案まで提示して政権に対応を迫る。市民団体が政党を代替していると考える人々は多く、市民から高い信頼を得ていったのである。

市民団体は、世論の支持を背景に政治の世界に食い込んでいく。彼らの人気を利用したのは、金泳三、金大中大統領である（磯崎、二〇〇四）。両大統領はもともと穏健保守野党の出身で、議会内部における基盤が強固ではなかった。独裁政権の流れをくむ盧泰愚政権の与党大統領候補として金泳三は当選したが、与党内部では傍流であり、かつ穏健保守野党出身という彼の出自は与党内部で浮き上がっていた。金大中の政党は議会内では第二党に過ぎず、朴正熙政権の流れをくむという意味でもっとも保守的な自由民主連合との連立政権として政権をスタートさせねばならなかった。つまり、いずれも極めて保守的なグループとの妥協が、議会内政治を重視すれば必要であった。しかし妥協を繰り返すと、大統領としての求心力を失うことにもつながりかねなかった。

市民団体は、彼らの議会での弱さを、世論への影響力で補う役割を果たす。両政権はいずれも、市民団体の代表を様々な政策諮問機関に参加させた。金泳三は、経実連をはじめ市民運動関係者を大統領府に登用した。金大中政権も同様に、もう一つの巨大市民団体である参与連帯をはじめとする市民団体のメンバーを大統領府に登用し、二〇〇〇年に制定された「非営利民間団体支援法」などにより市民団体を、補助金等を利用して支援し、政権ネットワークに包摂しようとした（清水、二〇〇五）。

このように、韓国の市民社会の起源は民主化運動にあり、その後の政治過程で政治の場から排除された急進民主化勢力の復活の側面が強かった。それゆえに、もともと政治性が強く、エリート主義、包括性、アドヴォカシーなど、本来政党が持っていてもおかしくない性格を有していた。市民団体、市民運動の誕生という点では、日本は大きく異なる。日本でも、終戦直後の労働運動や、七〇年代初頭までの学生運動など、左派による過激な運動は存在したが、それらのうち、労働組合を除いて市民社会に定着したものはない。今日の動きにつながるものは、一九六〇年代末から七〇年代に盛り上がりを見せた公害反対運動や消費者運動など、市民から見て政府の機能不全から生じたと思われる問題を市民の力で解決しようとする運動や団体から現れている。それゆえ、韓国とは対照的に、エリート主義ではなく草の根的で、包括性ではなく、消費者問題やゴミ処理問題など少数の争点を扱い、アドヴォカシーよりも政策実施を重視する。地味な活動は政治家がほしがる世論の支持や訴求力とは距離があった。加えて彼らと親和性のあった、社会党などの革新勢力は、中央政界ではついに政権を取ることがなかった。地方では、一九七〇年代を最盛期に革新自治体ブームを引き起こしたが、その際に市民団体、市民運動を自治体政権に引き入れたのは金泳三・金大中政権と類似しているかもしれない。

しかし、市民団体の出自という局面に焦点をあてた説明で市民社会の性格説明がつきるとすればそれはやはり不自然である。一つの社会がある一時期のイベントのみに引きずられるというのはおかしく、社会の様々な要素が反映しているはずである。一九九七年のデータで確認された、産業関連団体が重要であるという日本の市民社会との類似性は、韓国が日本同様、先進西洋諸国の後を追いかけて近代化していった痕跡と考えられる。他方、これら以外にメンバーシップを重視する従来型の団体が豊かに存在しないのはなぜか。この点については次のように理解されてきた。かつて韓国社会は、市民社会としての伝統の乏しさから、家族を中心とした共同体の絆は強かったが、それを超える社会的なつながりが弱かった。他人を信用できない社会だったのである。一般的に、人々が血縁を超えて信頼関係を構築できる状態のことを、ソーシャル・キャピタル（人間関係資本、Social Capital）が高いという。韓国の市民社会はそうした性格を持たなかったがゆえに、メンバーシップの乏しい三次結社が特徴として描かれがちであった。

4　「市民なき市民社会」からの脱却

市民社会内部の構造

ただ韓国の市民社会は、急速な変貌を遂げている。辻中・廉の研究グループは、二〇〇八年に再度韓国の市民社会・利益団体に対するアンケート調査をおこなっている。K－JIGS2（韓国団体の

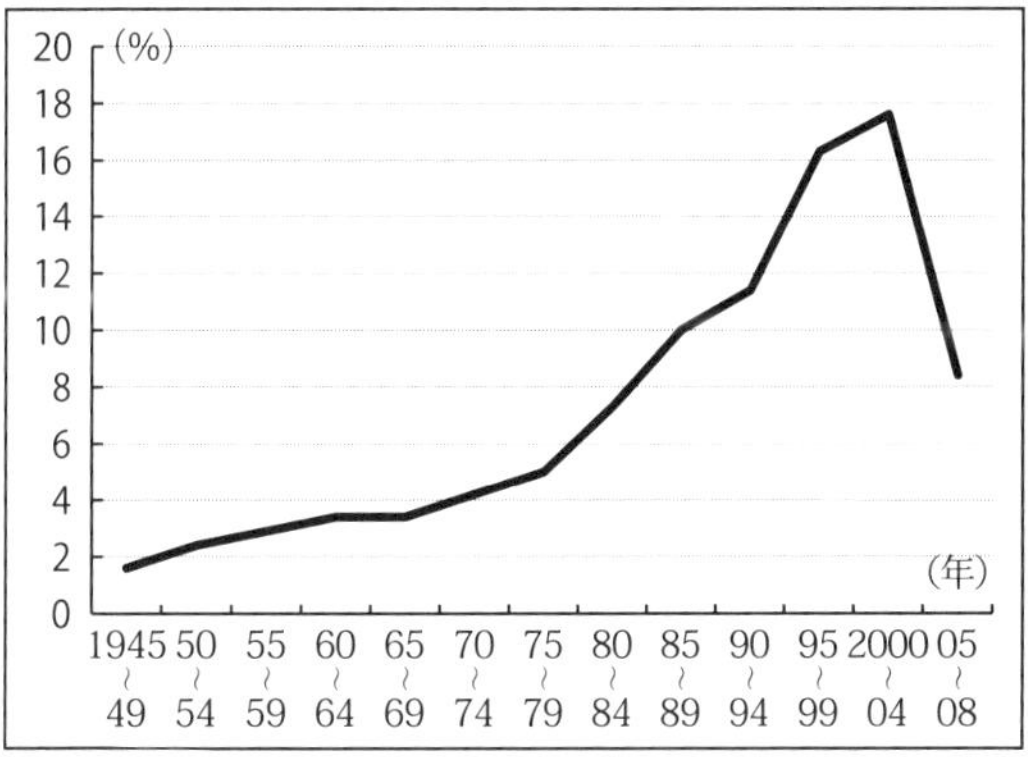

図1　現存する団体の設立年分布

基礎構造に関する調査）と称されるが、それによると韓国の市民社会はこれまで説明してきた特徴を急速に失ってきている（以下、大西、二〇一二）。

韓国の市民社会はソーシャル・キャピタルを生み出すような健全な変化を示している。もはや市民なき市民社会ではないのである。アドヴォカシー重視の傾向は見えるがエリート主義ではなく、ボトムアップ型の団体の比重が増すという重要な変化が生じている。

韓国の市民社会はいかなる変化を示しているのか、K－JIGS2の調査結果を利用して見ていこう。その際のポイントは次の二つである。一つは、市民社会内部の構造を知ることである。市民社会そのものの成り立ち、構造を理解する必要がある。もう一つは、市民社会が政治にいかなる関係を持つかについて理解することである。

本節では、市民社会内部の構造を検討する。第一に、団体設立年である。**図1**を見れば分かるように、韓国の団体噴出は今日に至るまで続いている。世界的な市民社会研究者であるサラモンらは各国の市民社会組織が一九八〇年代後半から噴出する「アソシエーション革命」(Salamon, 1994; Salamon and Anheier, 1997)が生じているとするが、まさにその状態である。韓国における アソシエーション革命は、市民社会の構成を一変させつつある。団体を営利セクター、非営利セクター、市民セクターに大別した場合(辻中らはWalker, 1983に従い、団体分類を農林水産業、経済・業界、労働など職業・生産関連団体である営利セクター、教育、行政関係、福祉、専門家など非営利社会サービス団体である非営利セクター、政治、市民、学術・文化、趣味・スポーツなど個人加入を原則とする団体である市民セクター、宗教などの混合・その他セクターに分けて分析している)、韓国はここ十年間に営利セクターの比率が激減し、他方市民セクターの比率が急増して四割を超えている(辻中・崔・久保、二〇一〇)。日本との類似点として指摘された産業関連団体の数的優位はなくなったといっていいであろう。

それでは、団体内部の構造はどうであろうか。もう一度確認すると、韓国の市民社会は三次結社的といわれてきた。言い換えると、韓国の市民社会が未成熟で、ソーシャル・キャピタルを生み出すような性格を有していないということを意味するであろう。しかし、K－JIGS2のデータは、これらの指摘に明らかに反している。

以下、資金源、会員構成、団体の運営についてみてみよう。三次結社的性格が強いと、資金源では、構成員による会費収入が少なく、募金や補助金の割合が高くなると考えられる。会員構成では、エリート主義的になるはずである。つまり、韓国に関していえば、市民社会のエリート性を指摘する際に挙げられていたのは、市民社会と一九八〇年代の学生運動との人的連続性であった。以前学生運動をおこなっていた元学生が、市民社会で主導的役割を果たしているということである。職業的には、エリート主義に関連して指摘される専門職の割合が多いはずである。最後に、団体の運営についてである。辻中らは、団体の内部構造を、フォーマル性、リーダーシップ、運営への参加、透明性の四つの観点から捉えようとした。エリート主義的特徴が見られるとすれば、韓国ではリーダーシップが重要で、フォーマル性を構成する要素である専門化が進んでおり、一般会員の運営への参加程度が低いと考えられる。

それぞれ図表で確認しよう。第一に、資金源である。**表1**は団体の収入内訳の平均値を示したものである。K－JIGS2とほぼ同時期に、辻中らの研究グループによって日本でもおこなわれた団体に対するアンケート調査（日本JIGS2）との対比からも分かるように、会費収入は日本よりやや少ないものの、もっとも大きな割合を占めている。行政からの補助金、募金・寄付金は日本よりも多いので、日本に比べると外部資金への依存度が高いということができるが、募金・寄付金については、一般的に寄付の社会的習慣がない日本が極端に少ないともいえ、三次結社的性格が強いというレベルではない。なお、会員の活動として会費・寄付金払いがないとする団体は三割弱にとどまっている点からも、資金源の点でメンバーシップなき団体ということはできないであろう。

第二に、会員構成である。**表2**は、職業・学歴構成を日韓で対比させたものであるが、韓国で特に大卒者が多いということはなく、むしろ日本よりも少ない。この点は、民主化以降日本以上に大学進

	会費・入会費	事業収入	委託手数料	行政補助金	募金・補助金	その他
日本	39.3	29.3	4.5	11.7	3.1	10.1
韓国	31.7	9.2	0.8	23.8	11.1	7.3

表1　団体の収入の内訳（各項目ごとの回答の平均値であって100%とはならない。単位：%）

	農林水産	経営者	常勤	専門	退職	主婦
日本全体	14.1	42.6	14.0	11.4	6.8	4.3
日本の市民団体	4.4	23.3	18.4	6.9	19.4	19.5
韓国全体	18.4	12.6	7.3	11.1	7.4	16.4
韓国の市民団体	16.3	15.1	10.8	8.4	4.5	19.3

	学生	その他	大卒以上
日本全体	1.3	5.2	39.9
日本の市民団体	2.8	5.1	40.6
韓国全体	5.6	8.9	34.2
韓国の市民団体	4.4	8.6	37.8

表2　団体の職業・学歴構成（回答割合の平均値であってあわせて100%とはならない。単位：%）

学率が高く高学歴社会となっている状況を勘案すると驚きですらある。職業的にも、エリート主義に関連して指摘される専門職の割合が多いということはない。興味を引くのは会社経営者や常勤被用者など経済活動の主軸を担う人々の割合の低さと主婦の割合の高さである。三次結社的団体では、フェーストゥフェースの実際の活動には参加しない代わりに資金を提供すると考えられるが、この構成は実際の活動に参加しやすい人々の割合が高く、資金提供だけで済ませるような層で構成されていないと推測される。

第三に、団体の運営についてである。**表3**に示されるように、日本と比べて創設者のリーダーシップがより重要で、運営への参加のうち全員参加の割合が低いが、それはエリート主義というレベルではない。専門化もそれ

	フォーマル性		リーダーシップ		運営への参加	
	規定	専門化	創設者	率先垂範	全員	話し合い
日本全体	90.4	47.4	32.5	60.5	61.4	48.9
日本の市民団体	84.1	33.7	44.6	68.0	59.8	60.2
韓国全体	71.8	46.6	41.9	67.8	50.4	63.2
韓国の市民団体	73.5	52.4	40.6	67.0	54.4	61.8

	透明性	
	会員浸透	情報共有
日本全体	53.4	51.3
日本の市民団体	53.7	53.4
韓国全体	71.2	66.1
韓国の市民団体	69.2	68.0

表3　団体運営の内部構造（単位：％）

韓国		ネットワークの水平性	
		なし	あり
対面的人間関係の強さ	弱い	三次結社型 (N=73, 8.2%)	三次結社型 (N=38, 4.3%)
	強い	垂直的ネットワーク型 (N=174, 19.6%)	ＳＣ創出型 (N=603, 67.9%)

日本		ネットワークの水平性	
		なし	あり
対面的人間関係の強さ	弱い	三次結社型 (N=1585,11.3%)	三次結社型 (N=1601, 11.5%)
	強い	垂直的ネットワーク型 (N=2037, 14.6%)	ＳＣ創出型 (N=8754, 62.6%)

表4　ソーシャル・キャピタル創出型団体の割合

	三次結社型団体	垂直的ネットワーク型団体	SC創出型団体
農林水産業団体	12.2 (26.2)	10.2 (17.5)	77.6 (56.3)
経済・業界団体	11.6 (20.8)	23.3 (13.2)	65.1 (65.9)
労働団体	13.3 (14.3)	20.0 (11.0)	66.7 (74.7)
教育団体	8.7 (21.9)	26.1 (13.2)	65.2 (64.9)
行政関係団体	21.1 (41.5)	10.5 (12.6)	68.4 (45.9)
福祉団体	14.2 (28.7)	27.0 (14.9)	58.8 (56.4)
専門家団体	11.8 (14.7)	5.9 (16.9)	82.4 (68.4)
政治団体	0.0 (21.2)	0.0 (14.1)	100.0 (64.6)
市民団体	17.3 (20.5)	17.3 (12.9)	65.4 (66.6)
学術・文化団体	14.3 (23.0)	14.3 (13.5)	71.4 (63.5)
趣味・スポーツ団体	14.3 (15.3)	17.9 (20.2)	67.9 (64.5)
宗教団体	10.6 (9.1)	14.2 (25.6)	75.2 (65.3)
マスメディア団体	0.0	0.0	100.0
退職者団体	4.8	9.5	85.7
地縁団体	14.3	26.2	59.5
その他	10.4	20.9	68.7

表5　団体分類ごとのソーシャル・キャピタル創出型団体の割合（単位：%）
注）表中（　）内の数字は日本での割合をさす。日本と異なり、韓国では日本の団体分類の他に、マスメディア団体、退職者団体、地縁団体という団体分類が存在する。このように分類体系に違いがあることが分析に影響を与える可能性はある。とりわけ、「その他」は大きく異なると予想される。しかし本稿では「その他」分類は分析対象として重要でなく、韓国のみの分類についても関心を有さないため、以下の分析では煩雑を避ける必要上省略することとする。

ほど進んでおらず、三次結社的であるとはいえない。市民団体のみをとってみてもそのような特徴を見いだすことはできない。

この点を確認するため、ソーシャル・キャピタルの政治への影響を研究している政治学者の坂本治也がおこなった分析を韓国に対してても適用してみた。坂本（二〇一〇）は、ネットワークの水平性と対面的人間関係の強さという二つの指標で、団体を、水平的で、対面性があるソーシャル・キャピタル創出型団体と、対面性がない三次結社型団体、対面性はあっても水平性がない垂直的ネットワーク型団体に分類した。**表4**がそれである。これを見れば分かるように、韓国はソーシャル・キャピタル創出型団体が日本以上に多く、三次結社型団体は日本の半分程度にしかならない。団体分類別に見てみると、**表5**に示されるように、日本と異なりソーシャル・キャピタル創出型団体はどの領域の団体にも平均して存在しており、福祉団体がやや少ない程度である。三次結社型団体は行政関係、市民団体にやや多い。市民団体が三次結社的に見られていた理由をここに見いだすことができるかもしれないが、それでも日本よりも比率としては少ない。

以上をまとめると、日本と異なり、韓国ではアソシエーション革命が生じており、団体の構成も市民系団体を中心に大きく変貌してきている。加えて、韓国の団体は民主的に運営されており、ソーシャル・キャピタル創出的である。このデータから考える限り、韓国の市民社会はもはや「市民なき市民社会」ではない。

5　市民社会と政治

次に、市民社会と政治の関係について検討しよう。第2節でも述べた、アドヴォカシーと包括性についてである。

包括性については、団体の政策関心領域の広さを見ることで判断することができる。韓国の市民団体は包括的で多様な政策領域に関心を持つとされている。市民団体で指摘された傾向は、市民社会全体としていえることかもしれない。そうであれば、韓国の団体は多くの政策領域に関心を持つことが示されるだろう。アドヴォカシーについては、二点ある。一点目は、団体が政策策定のどの段階にかかわるのがよいと考えているかである。アドヴォカシー重視であれば、計画立案段階でかかわるべきだと考えるであろう。二点目は、政策実現のための戦略についてである。団体が政治の場において自らの利益を実現するために用いる戦術は一般的にロビイングと呼ばれるが、インサイド戦術とアウトサイド戦術に分けられる。インサイド戦術は議員など政治的アクターに直接働きかけるもので、アウトサイド戦術は世論一般やマスメディアなど政策決定に直接関与しないアクターに呼びかけることで間接的に影響を与えようとするものである。派手なアドヴォカシーをおこなうのならば、アウトサイ

インサイド戦術とアウトサイド戦術

ド戦術を頻繁に用いることになるだろう。

包括性についてみてみよう。**表6**は、K－JIGS2で二十九の政策について関心の有無を問うた設問への回答より、団体がいくつの政策に関心を持つのかをまとめたものである。ここから分かるのは次の二点である。第一に、どの政策にも全く関心を持たない団体は七・四%にとどまっている。韓国の団体は多くの場合政治に何らかの関心を有している。第二に、約四割の団体は一つの政策領域にしか関心がない。二十九項目には、例えば外交政策と平和・安全保障政策など同時に関心を持ってもおかしくない項目があるので、複数挙げられているからといって政策関心が包括的であるとはいえない。仮に五個以上をもって包括的であるとした場合、該当する団体は二四%に過ぎない。

それでは市民団体はどうか。**表7**は団体分類別にいくつの政策領域に関心を有するかの平均値を示したものである。全団体で平均して三個程度の政策に関心を有している。市民団体は四個弱となるので全体からするとやや多いが、包括的であるといえる水準ではなく、とても「百貨店式市民団体」と

個数	分布(%)
0	7.4
1	39.8
2	9.1
3	11.6
4	7.9
5	7.6
6	4.6
7	2.8
8	2.4
9	1.5
10	1.4
11	1.3
12	0.6
13	0.1
14	0.2
15	0.3
16	0.2
17	0.3
18	0.2
19	0.2
21	0.1
22	0.1
29	0.2

表6　団体の政策関心個数（29個中）

団体分類	平均値
農林水産業団体	3.47
経済・業界団体	3.69
労働団体	2.80
教育団体	3.19
行政関係団体	3.92
福祉団体	2.86
専門家団体	3.06
政治団体	7.75
市民団体	3.96
学術・文化団体	2.80
趣味・スポーツ団体	2.32
宗教団体	3.87
合計	3.12

表7　団体分類別政策関心個数（29個中）

注）表5注に従い、関心外の団体分類は省略した。

	計画立案	決定	執行	評価
農林水産業団体	41.2	9.8	11.8	21.6
経済・業界団体	64.6	18.8	20.8	14.6
労働団体	55.0	30.0	25.0	30.0
教育団体	61.5	46.2	26.9	38.5
行政関係団体	54.2	16.7	29.2	25.0
福祉団体	37.8	15.5	21.3	22.1
専門家団体	77.8	38.9	5.6	22.2
政治団体	75.0	25.0	25.0	75.0
市民団体	56.6	28.3	23.0	48.7
学術・文化団体	51.2	12.2	14.6	19.5
趣味・スポーツ団体	22.6	12.9	16.1	22.6
宗教団体	35.0	9.6	8.3	23.6
全体	40.7	16.3	16.4	25.3

表8　団体分類別に見た政策へのかかわり

注）表5注に従い、関心外の団体分類は省略した。

いえる状態ではない。包括的に政策に関心を持つ団体は、例外的であるとするのが妥当である。

次に、アドヴォカシーについて見てみよう。**表8**は、団体分類別に韓国の団体が政策策定のどの段階にかかわるのがよいと考えているかをまとめたものである。他の段階よりも計画立案段階でかかわるべきと考えている団体が多い。これは、韓国の市民社会はアドヴォカシー志向であるとの見解に適合している。ただし、団体分類により濃淡がはっきりしており、農林水産、福祉、趣味・スポーツ、宗教団体は消極的である。

ロビイング活動について見てみよう。K－JIGS2では、ロビイング活動をおこなうかどうかを、次の戦術について尋ねている。すなわち、インサイド戦術として、与党との接触、野党との接触、中央官庁との接触、自治体との接触、発言力を持つ人との接触、法案作成の支援、専門知識等の提供、パブリックコメント、会員による働きかけで、アウトサイド戦術として、請願、集会、直接的行動、マスメディアへの情報提供、記者会見、意見広告、他団体との連携である。これらについて、ある程度、かなり頻繁、非常に頻繁、と回答した場合を戦術として用いているとし、そうでない場合を用いないとし、どの程度の団体がロビイングをおこなうのかを見たのが**表9**である。ロビイングをしない団体は二八％に過ぎず、多くの団体がロビイングをおこなうと回答している。しかし、

		アウトサイド戦略		合計
		なし	あり	
インサイド戦略	なし	28.1%	6.3%	34.4%
	あり	20.0%	45.6%	65.6%
合計		48.1%	51.9%	100.0%

表9　インサイド戦術とアウトサイド戦術

予想に反して、アウトサイド戦術はインサイド戦術より少なく、アウトサイド戦術のみをとる団体は六・三％に過ぎない。半分近くの団体は両戦術を用いるとしている。韓国の団体はアドヴォカシー一辺倒ではないと考えられる。

確認しよう。かつて韓国の市民社会の特徴とされた、エリート主義、アドヴォカシー、包括性という特徴は、今はかなり影が薄くなっているというべきである。韓国の市民社会はボトムアップ型、メンバーシップ重視の団体構成に変わってきている一方で、日本とは異なり世界的な傾向である市民団体で占められるようになってきているのである。

「普通の」多元主義

韓国の市民社会は、政治構造をどのように見ているのであろうか。言い換えれば、韓国では、誰がこの国の支配者だと思われているのであろうか。権力の所在は日本でも話題になる。筆者も入学したての大学生たちに、「日本の権力者は誰？」と尋ねることがある。筆者の勤務先が法学部というせいもあろう、この問いに対する答えは圧倒的に「国民」である。ある意味正解ではあるがある意味そうではない。民主主義社会において、主権者である市民が権力者であるのは当然である。しかし、権力は等しく分布しているわけではない。例えば、日韓関係に対し筆者は普通の市民よりも関心を持ち、韓国に知己も多いが、筆者よりも外務大臣や外務省の官僚たちの方が影響力を有しているのは当然であろう。同じ市民といっても、より強い権力を持つ人と、そうでもない人が存在するのである。事情は韓国でも同様である。そこで、K－JIGS2は、国政全般の権力者を問う質問と政策分野別の影響力を問う質問を用意し、個々の団体に回答してもらっている。

民主化後の韓国政治の構造は、強力な大統領、有権者の利益を代表しない弱い政党、それに代わって利益集約機能を代替し、アドヴォカシーを通じて有権者の利益を政治に反映させる市民団体と、一般的には考えられている（大西、二〇〇九）。言い換えれば、政治的影響力を有するのは大統領をはじめとする執政機関と市民団体であって、政党やそのほかの団体ではないはずである。

表10は、団体に、韓国政治全般に対しどのような機関・団体が政治的影響力を有しているのかを七点尺度で評価させたものの平均値である。団体は全国レベルで活動するものもあれば、地方レベルに限定された活動をおこなうものもある。活動レベルの違いは視野の違いにもつながるので、誰が権力者と考えるかに違いが生じるかもしれない。そこで、地方と全国レベルに分けて見てみたが（地方レベルとは、基礎自治体である市郡区、広域自治体である広域市・道、日本の関西地方や東北地方などの「地方」を意味する広域圏を指す。地方、全国以外に、世界レベルを活動範囲とする団体もあるが、煩雑なので省略した）、いずれも国政全般に対する影響力認知は類似していた。すなわち、活動範囲にかかわらず、大統領府、中央政府、与党、マスメディアの順に影響力が大きい。その他には、経済・業界団体、広域自治体（広域市・道）、野党、基礎自治体（市郡区）、大企業、市民団体に影響力があると考えられている。地方自治体の影響力を強く認めるのは従来の韓国理解とやや異なる点であるが、その他についてはおおむね常識的な見方と一致している。

	地方		全国		全体	
1位	大統領府	4.54	大統領府	4.77	大統領府	4.65
2位	中央政府	4.38	中央政府	4.64	中央政府	4.51
3位	与党	4.29	与党	4.58	与党	4.41
4位	マスメディア	3.9	マスメディア	4.34	マスメディア	4.08
5位	市郡区	3.8	野党	4.14	経済・業界団体	3.84
6位	広域市・道	3.74	経済・業界団体	4.1	広域市・道	3.8
7位	福祉団体	3.7	大企業	3.98	野党	3.76
8位	経済・業界団体	3.67	広域市・道	3.85	市郡区	3.75
9位	行政関係団体	3.64	市民団体	3.84	大企業	3.72
10位	市民団体	3.62	専門家団体	3.76	市民団体	3.71
11位	野党	3.59	労働団体	3.7	行政関係団体	3.68
12位	裁判所（憲法裁判所等）	3.51	行政関係団体	3.68	福祉団体	3.61
13位	大企業	3.51	市郡区	3.54	裁判所（憲法裁判所等）	3.58
14位	専門家団体	3.45	教育団体	3.52	専門家団体	3.57
15位	教育団体	3.43	宗教団体	3.52	教育団体	3.51
16位	労働団体	3.38	裁判所（憲法裁判所等）	3.52	労働団体	3.49
17位	宗教団体	3.37	女性団体	3.42	宗教団体	3.44
18位	警察	3.29	警察	3.28	警察	3.34
19位	女性団体	3.27	福祉団体	3.26	女性団体	3.34
20位	自治会	3.04	外国政府	3.24	学術・文化団体	3.09
21位	学術・文化団体	3.02	学術・文化団体	3.12	外国政府	3.06
22位	外国政府	2.93	農林水産業団体	3.09	国際機関	2.99
23位	国際機関	2.88	国際機関	3.03	自治会	2.97
24位	農林水産業団体	2.87	自治会	2.69	農林水産業団体	2.95
25位	趣味・スポーツ団体	2.78	外国の団体	2.61	趣味・スポーツ団体	2.74
26位	外国の団体	2.42	趣味・スポーツ団体	2.58	外国の団体	2.53
27位	暴力団	2.05	暴力団	2.17	暴力団	2.11

表10　韓国政治全般への影響力評価（7点評価の平均値）

しかし、政策分野別の影響力評価となると、様相が激変する。日本では、いずれの団体分類においても官僚がもっとも影響力を有していると回答しており、他にも、与党、首相官邸、経済・業界団体などが上位に並んでいた（山本、二〇一〇）。ところが、韓国では日本のような様相は全くない。表11を見てみよう。第一に、いずれの団体分類においても、自らと同じ団体分類に属する団体の影響力が、政治団体を除きいずれも第一位である。つまり、その政策に関係する団体が影響力をもっとも持っている。福祉政策なら福祉団体、教育政策なら教育団体が強力である。数値的にも他を圧しており、自らと同じ団体分類に属する団体よりも官僚の影響力を高く評価する日本とは大きく異なる。第二に、大統領府の影響力が国政全般とは打って変わって弱くなる。団体分類別に上位五位に入るのは経済・業界、労働、趣味・スポーツ団体の三分類だけである。第三に、日本調査の官僚に相当する中央政府も、必ずしも影響力があるとはいえない。経済・業界、労働、教育、政治団体が関心を持つ政策分野では第二位であり、日本の結果に近いといえなくもないが、その他の分類では三位ですらない。このように、順位は分類によって大きく入れ替わり、多様性の方が目立つのである。

K－JIGS2から導き出される市民社会の認識は、権力が特定の特権階層に集中しているのではなく、多様な集団に分散している状態である。政治学の用語でこれを多元主義という。エリート主義と反対の状態なのである。

本章は、これまで韓国市民社会の特徴とされてきた、エリート主義、包括性、アドヴォカシーの三

	農林水産業団体		経済・業界団体		労働団体	
1位	農林水産業団体	4.71	経済・業界団体	4.53	労働団体	5.00
2位	市郡区	4.13	中央政府	4.30	中央政府	4.70
3位	経済・業界団体	4.04	大統領府	3.93	野党	4.50
4位	中央政府	3.96	与党	3.86	与党	4.40
5位	広域市・道	3.89	行政関係団体	3.62	大統領府	4.36
6位	行政関係団体	3.67	マスメディア	3.61	マスメディア	4.27
7位	与党	3.56	野党	3.57	市民団体	4.18
8位	大統領府	3.54	市郡区	3.46	経済・業界団体	4.09
9位	野党	3.54	広域市・道	3.41	大企業	3.91
10位	労働団体	3.35	大企業	3.08	女性団体	3.73
N		38		26		11

	教育団体		行政関係団体		福祉団体	
1位	教育団体	4.52	市郡区	4.20	福祉団体	4.87
2位	中央政府	4.17	行政関係団体	4.13	市郡区	4.40
3位	行政関係団体	4.11	専門家団体	3.62	市民団体	3.67
4位	市郡区	4.06	与党	3.62	広域市・道	3.65
5位	女性団体	4.05	自治会	3.60	行政関係団体	3.56
6位	市民団体	3.95	警察	3.57	大統領府	3.56
7位	大統領府	3.94	中央政府	3.54	中央政府	3.55
8位	与党	3.89	広域市・道	3.43	専門家団体	3.45
9位	福祉団体	3.84	福祉団体	3.40	与党	3.35
10位	広域市・道	3.65	女性団体	3.38	自治会	3.32
N		18		14		131

	専門家団体		政治団体		市民団体	
1位	専門家団体	4.21	教育団体	5.67	市民団体	4.54
2位	市郡区	3.69	中央政府	5.67	マスメディア	4.25
3位	市民団体	3.54	与党	5.25	市郡区	4.13
4位	広域市・道	3.50	経済・業界団体	5.00	福祉団体	4.05
5位	経済・業界団体	3.42	福祉団体	5.00	中央政府	4.00
6位	大統領府	3.25	専門家団体	5.00	与党	3.96
7位	行政関係団体	3.17	大統領府	4.75	広域市・道	3.87
8位	農林水産業団体	3.08	市民団体	4.67	専門家団体	3.78
9位	福祉団体	3.08	大企業	4.67	大統領府	3.78
10位	中央政府	3.00	広域市・道	4.33	女性団体	3.63
N		12		4		52

	学術・文化団体		趣味・スポーツ団体		宗教団体	
1位	学術・文化団体	5.11	趣味・スポーツ団体	4.10	宗教団体	5.13
2位	市郡区	4.36	市郡区	3.94	福祉団体	4.22
3位	広域市・道	4.19	大統領府	3.88	市郡区	3.74
4位	専門家団体	3.90	与党	3.76	市民団体	3.58
5位	マスメディア	3.75	中央政府	3.71	マスメディア	3.38
6位	中央政府	3.38	広域市・道	3.65	教育団体	3.35
7位	教育団体	3.25	市民団体	3.59	自治会	3.35
8位	福祉団体	3.25	教育団体	3.53	女性団体	3.30
9位	市民団体	3.20	福祉団体	3.44	広域市・道	3.20
10位	自治会	3.14	マスメディア	3.41	行政関係団体	3.15
N		20		17		77

表11　団体分類別関心政策領域に関する政治的影響力評価（7点評価の平均値、上位10アクター）

点が何に起因しているのかを歴史的に説明した。後半では、近年この特徴は大きく変化しており、先進国に共通してみられる多様性が観察されることを説明した。ここで示された知見は、韓国政治に関する常識的な理解とあまりにもかけ離れている。韓国の市民社会は急速に変化を遂げており、アメリカやヨーロッパと類似した性格を帯びてきているのである。

冒頭の反日報道に戻れば、ニュースで盛んに取り上げられる韓国における反日キャンペーンは、二十世紀の間はある程度韓国の市民社会を反映したものと言ってよかったかもしれない。民主化から間もなくということもあり、韓国の市民社会はまだまだ未成熟であった。しかし、今日ならばそのように述べるのに無理がある。確かに二十世紀の韓国的な特徴を有する、エリート主義的で政治的な市民団体は現在でもあり、目立つ存在ではある。しかし市民社会の平均的な姿からすれば、彼らはかけ離れているというしかない。報道以外の、より多様な観点から韓国政治、韓国社会を見つめないと私たちは対象を見誤ってしまうのである。

Ⅲ　ヘイトスピーチ、在日コリアン、参政権・国籍

——樋口直人

第7章　排外主義とヘイトスピーチ

1　なぜ在日コリアンが排斥されるのか

在特会の衝撃

「これ以上朝鮮人をのさばらせたら日本人が殺される」

「犯罪朝鮮人を皆殺しにしろ」

「コリアンタウンを焼き尽くせ」

――これらはすべて、二〇〇〇年代後半以降の日本で、「在日特権を許さない市民の会（在特会）」のメンバーが街頭で叫んだ言葉である。在特会のこうした行動は、ヘイトスピーチ（差別扇動）として知られるようになり、二〇一三年にヘイトスピーチは新語・流行語大賞トップテンに入るまで注目を集めるようになった。

筆者が最初に在特会のことを知ったのは、二〇〇九年四月、埼玉県蕨市に住むフィリピン人一家に対する嫌がらせデモが行われた時だった。一家は在留特別許可を申請しており、中学生の長女には認められたが、両親はフィリピンへの強制退去処分となった。引き裂かれる家族にメディアは同情的で、両親の在留も認めるべきという論調だったが、在特会は全員を追い返せと学校や自宅前をデモ行進したのである。

日本では、移民排斥の組織立った行動が行われることはほとんどなかったが、デモ行進の光景が動画サイトに出たことで在特会は急速に拡大していった。しかし、ドイツにおける難民キャンプ襲撃、アメリカにおける非正規移民追い出しの自警団など、移民排斥の行動は世界的にみて珍しいものではない。筆者も、「ああ、とうとう日本でも始まったか」と暗澹たる気持ちにはなったが、予測の範囲内の出来事でもあった。

それよりも筆者にとって意外だったのは、一世紀以上の日本居住歴を持つ在日コリアンが在特会の主たる標的だったことだ。在日コリアンは、これまで日本でずっと差別されており、在特会もその延長に過ぎないのではないか――そのように思われる向きもあるだろうし、それは現実の一端を言い当てている。

しかし一九八〇年代以降、在日コリアンに対する差別は緩和されてきたといわれている。司法試験、公営住宅入居、国民年金、地方公務員への採用など、国籍条項で排除されていたものが開かれるようになった。差別的な感情も、かつてに比べれば大分薄らいできたように思われる。第8章で詳述するが、企業家としての成功、ホワイトカラーへの進出など社会的・経済的な地位も確立してきた。にもかかわらず、なぜ今世紀に入ってから在日コリアンの排斥を目的とする組織が作られたのか。これは、連綿と続く差別という議論では解けない問いである。

在特会の拡大と停滞

在特会が掲げる「在日特権」なるものは、排斥の口実にするため捏造されたデマに過ぎない（野間、二〇一三）。その意味で、在特会が旗印に掲げるものは、差別扇動を正当化する屁理屈としか評価できないが、背後に組織的基盤がない団体としては異例のペースで勢力を伸ばしていった。

図1は、在特会の会員数と四半期ごとの増加分を示しており、二〇〇九年から二〇一〇年には三カ月ごとに千人近くが新たに会員になったことがわかる。会員といっても、ホームページで登録するだけで会費を支払うわけでもないから、水増しした数字ではある。しかし、全国に支部を築き各地で活動するようになったのは間違いない。ただし、急拡大したのは一年半程度で、それ以降は停滞状況にあり、在特会がかつての勢いを取り戻すことはないだろう。

しかし、在特会の衰退をもって日本が排外主義を封じ込めたといえるほど、ことは単純ではない。在特会は、寂しい若者が仲間を求めて鬱憤を晴らす場である、という見方では現実を捉えられないからである。筆者も当初は、何らかの問題を抱えた人が不安にかられて在特会に引き寄せられるものと

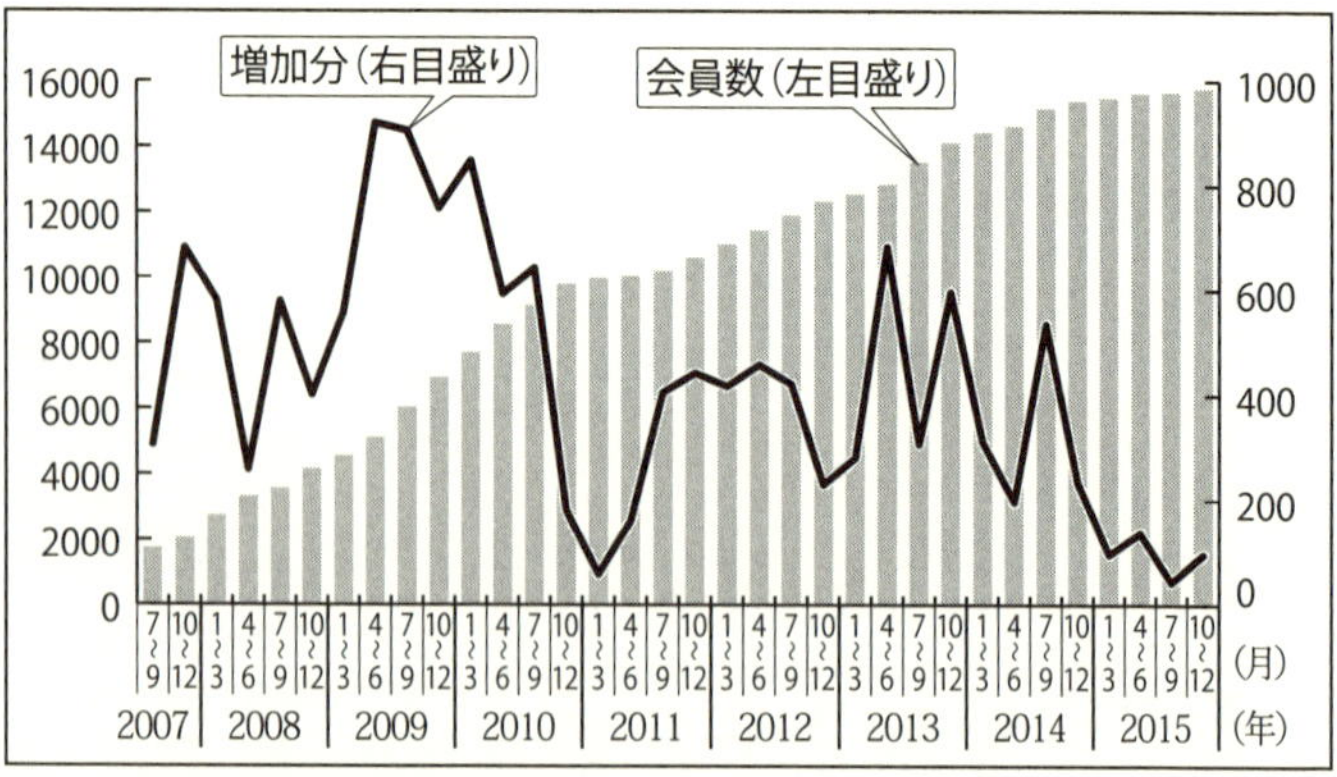

図1　在特会会員数の推移（単位：人）

思っていたが、その予想は見事に裏切られた。つまり、「異常な人の異常な行動」としてしまうのは、間違った理解だった。「異常な行動が正常な人の間に広がっている」と考えなければ、在特会が台頭した背景を解明できない。

なぜそのような事態が生じるのか。筆者は、二〇一一年から一年ほど在特会等の活動家三十四名に取材を重ねた。この章では、そうした経験をもとに誰がなぜ在日コリアンを排斥するのかを、明らかにしていく。

2　誰がなぜ在特会に馳せ参じるのか

在特会幹部のプロフィール

在特会の実態を世に知らしめた『ネットと愛国』（安田、二〇一二）というルポルタージュは、在特会の創設者たる桜井誠の出自から始まる。北九州の母子家庭で育ち、高校を卒業して警備員など非正規雇用を転々とする。学校でも目立た

年代		学歴		職業		雇用形態	
20代	4人	高卒以下	7人	ホワイトカラー	22人	正規	30人
30代	13人	専門学校中退・卒	3人	自営	4人	非正規	2人
40代	11人	大学在学・中退・卒	24人	ブルーカラー	6人	大学生	2人
50代	4人			大学生	2人		
60代	2人						
計	34人		34人		34人		34人

表1　排外主義運動の活動家の背景

ない存在だった桜井が、嫌韓のホームページ作りにいそしみ、在特会会長として「悪名」をとどろかせていく。このような桜井のプロフィールは、在特会が社会の底辺層によって支えられているという印象を強く植え付けた。これは、ネット右翼に対する一般的なイメージとも共通している。

しかし、こうした「底辺層が担い手」説をよくみていくと、実はさしたる根拠がないことがわかる。安田以外のライターが書いたルポルタージュは、むしろ一定の余裕がある層が活動家になることを示唆している。ネット右翼に関する先行研究をみても、階層の低い者が担い手になるという議論はしていない。

筆者のデータからは、以下のような担い手像が浮かび上がる。

第一に、排外主義運動の活動家の背景は**表1**に示した通りで、大卒で三十代から四十代の働き盛りが中核になっていることがわかる。在特会等のデモをみていると、人と目を合わせられない人、ぶつぶつとつぶやき続けて周囲に心配される人など普通の社会生活を営むのが難しいと思われる人が、最大で二割程度は存在する。しかし、運動の中核を担うのは生活や仕事に一定の余裕がある層であり、そうした「正常な」人が排外主義に取り込まれることに注目すべきだろう。

学歴			年齢		
	N	%		N	%
大学在学・卒	300	58.6	10代	3	1.1
高専・短大在学・卒	22	4.3	20代	28	10.3
専門学校在学・卒	54	10.5	30代	52	19.2
高校卒	132	25.8	40代	95	35.1
高校在学・中退	3	0.6	50代	57	21.0
予備校生	1	0.2	60代	36	13.3
計	512	100.0		271	100.0

表2　安倍首相の Facebook に批判を書き込んだ者の属性

選挙		投票先	
行く	29	自民	23
たまに行く	1	民主	2
棄権	2	社会・共産	1
未成年	2	民社か自民	1
		決まっていない	2
		白票	1
計	34人		30人

表3　活動家の投票行動

第二に、二〇一五年末に発表された「慰安婦」問題に対する日韓合意は、ネット右翼からの拒否反応を引き起こした。安倍首相は、SNSの一種であるフェイスブックを積極的に活用していることで知られており、支持者が直接メッセージを書き込むことも多い。しかし、合意の当日に安倍が書き込んだ年末のあいさつに対しては、韓国に対する「弱腰ぶり」を批判するコメントが殺到した。コメントを書いたフェイスブックのユーザー約千四百名は、安倍を「右から」叱咤したネット右翼だとみなしてよいだろう。

そのうち学歴や年齢を公開している者について集計した**表2**をみると、大卒・大学在学が五九%を占めており、かなり高学歴だといってよい。年齢についても、三十代から五十代がほとんどを占め、働き盛りの年代が主な担い手となっている。フェイスブックは、他のSNSよりユーザー年齢が高いことを考慮する必要はあるが、不遇な若年層がネット右翼になるという見方は当たっていない。

保守支持層から排外主義者へ

では、不遇以外の何によって排外主義へと取り込まれていくのか。筆者が取材した範囲で特徴的だったのは、政治的に保守的な者が多いことだった。排外主義運動の幹部である以上、これは当たり前のことのように思われるかもしれない。しかし、日本ではこうしたイデオロギー的背景についてほとんど指摘されてこなかった。

ここで再び、在特会等の排外主義運動活動家についてみていこう。**表3**は、もともとの投票行動について尋ねた結果を示しており、基本的に選挙を棄権せず投票に行っている。その際、「昔から自民党」（三十代男性）、「とりあえず自民党」（二十代女性）に投票する者が四分の三以上にのぼっていた。保守層といっても、「小学校の時から、教育勅語とか暗記させられた」（三十代男性）者から、「何もすることがない時くらいしか」（四十代男性）投票に行かない者まで一定の幅がある。だが、昔から左翼的なものに違和感を抱き、保守の方が安心と考える世界観は、排外主義運動でおおむね共有されているとみてよいだろう。

これ自体は、普通の保守層が持つ意識と変わらない。活動家たちと話していると、周囲の人から浮

区分	具体的なきっかけ	人数	
「外国人問題」	外国人労働者	2	6
	フィリピン人一家の在留特別許可	2	
	外国人参政権	1	
	在日コリアンの集住地区問題	1	
韓国	スポーツ（ワールドカップ、WBC）	2	2
北朝鮮	拉致問題	4	4
中国	尖閣問題	1	5
	中国の反日デモ	1	
	天安門事件	1	
	北京オリンピック聖火リレー	2	
歴史	歴史修正主義	8	8
その他	人権擁護法	1	9
	創価学会批判	2	
	戸塚ヨットスクールへの共鳴	1	
	民主党政権の誕生	2	
	右翼へのあこがれ	2	
	民族派つながりで参加	1	
合計		34	34

表4　排外主義運動につながるきっかけとなった出来事

き上がってしまうような極端な政治的言動をとる者は、むしろ少数派に属していた。日常的に話す分には「普通の人」であり、おかしな人として目立つこともない。在日コリアンに対する憎悪も、保守的な人が一般に持っている意識を増幅したものであり、質的にみて目新しいものではなかった。その意味で、在日コリアンの排斥を訴えるような主張は、突然あらわれたものではなく、保守層の意識に一定程度根差すものといえる。

外国人を知らない排外主義者

しかし、そうした主張を公言する勢力が出てきたのは、今世紀になってからである。それまでは、在日コリアンに対して差別意識を持っていた人が多かったとしても、排斥の標的にしようとは思っていなかった。今世紀に入ってから、排斥を訴えるデモが行われるようになったのはなぜか。それを考える上で手掛かりになるのが、**表4**である。

この表は、活動家が排外主義に取り込まれるきっかけを示しているが、そもそも外国人との直接的な接触経験があった者は半数以下でしかない。外国人に直接関わる理由を挙げたのは、三十四名中六名のみであった。六名のうち三名は、前述のフィリピン人一家の問題などメディア報道に影響されており、自らの経験にもとづく原因を挙げた者は三名だった。

その三名のうち、「親から朝鮮人とは付き合うな、あいつらと関わると危ないぞ」（三十代男性）といった教育を受けていたのは一名だけだった。あとの二名は、バブル経済の時に外国人労働者と接点を持ったことを挙げている。外国人排斥を訴える運動の幹部の多くが、外国人との接触経験を持たないばかりか、接触したとしてもその経験が影響を持たなかったわけである。

ここから、大雑把には次のようにいえるだろう。

日本で「外国人問題」が引き起こす排外主義があったとして、それは活動家の二割程度しか引きつけていない。また、一世紀以上の居住歴を持つ在日コリアンよりもむしろ、バブル経済と共に増加した外国人労働者の方が標的となる。だがそれ以前に、「外国人問題」を挙げたのは六名しかいなかったのだから、それだけで排外主義運動が発生するきっかけにはなりえないとみたほうがよい。「外国人問題」それ自体をとってみれば、その程度にまでマイナーな問題でしかない、ともいいうる。

近隣諸国に対する憎悪

にもかかわらず、在日外国人とは何の関係もなく外国人排斥に加わる者が存在し、主に一九八〇年代以降に来日したニューカマーではなく在日コリアンを主たる標的とする現実がある。活動家たちは、「外国人問題」に関心がないのになぜ排外主義へと取り込まれていったのか。多くの者が挙げたきっかけは、韓国、北朝鮮、中国という近隣諸国に対する敵意（十一名）と、歴史修正主義（八名）であった。ここでいう歴史修正主義とは、明治維新から第二次世界大戦に至る日本の行動を美化・正当化するイデオロギーを指す。

活動家たちが原点として挙げるもののうち最も多かったのは、このような歴史認識をめぐる問題だった。在特会の支部長をしていた二十代の女性は、以下のように述べる。「幼稚園ぐらいから結構興味があったんですよ、戦争問題とか。八月になると、戦争特集とかテレビでやりますよね。あれ見て、何でこんなに日本が悪い悪いといわれないといけないのかという疑問があったので、誰に教えられたわけではないですけど、やっぱり右に寄っていきますよね」

もう一人、以前は「左」で民主党に投票していたという三十代男性の例を挙げておこう。「ＦＭ局でラジオ番組をやってたんです。ずっと聴いてたら、太平洋戦争に対しての見方がちょっと自分とは違って、これは何なんだろうな、ということでずっと調べて……。ああそうなのか、こういう見方もあるのか。左の人たちが言っている、日本は侵略戦争して他の国にいっぱい迷惑をかけて、だから日本はずっと償っていかなきゃならん。そういう考え方からちょっとずれてみたら、また違った真実の歴史っていうのが見えてきた」

幼少時と成人後――受容する年齢は異なるものの、二人とも歴史修正主義を通じて政治的自我を確立／変容させていく。これは、こうした歴史認識に異議申し立てする韓国や中国に対する敵意に転じるから、近隣諸国に関わるきっかけが過半数とみなしうる。近隣諸国に対する敵意が最初に生み出され、それが転じて「在日近隣諸国民」たる在日コリアンと、程度は落ちるが在日中国人に対する憎悪が生み出される。

そのメカニズムを、幹部の一人は次のように説明していた。「北朝鮮の問題、北朝鮮が主張していること、その辺を突き詰めていくと結局は朝鮮半島と日本が関わってきた歴史が出てくるわけでありまして。その中の負の遺産として現在日本が抱えているのが、在日朝鮮人という問題だと思うんですね」。第9章でふれる在日コリアンの「重い歴史」は、こうして排斥の理由へと変換されていく。

3　近隣諸国への憎悪

右派論壇の関心をみる

活動家たちの意識は、単なる妄想のなかで生み出されたわけではない。そこには社会的な背景があり、そこから在特会と既成の右派団体との接点が見えてくる。戦後日本の右派にとって最大の敵は、

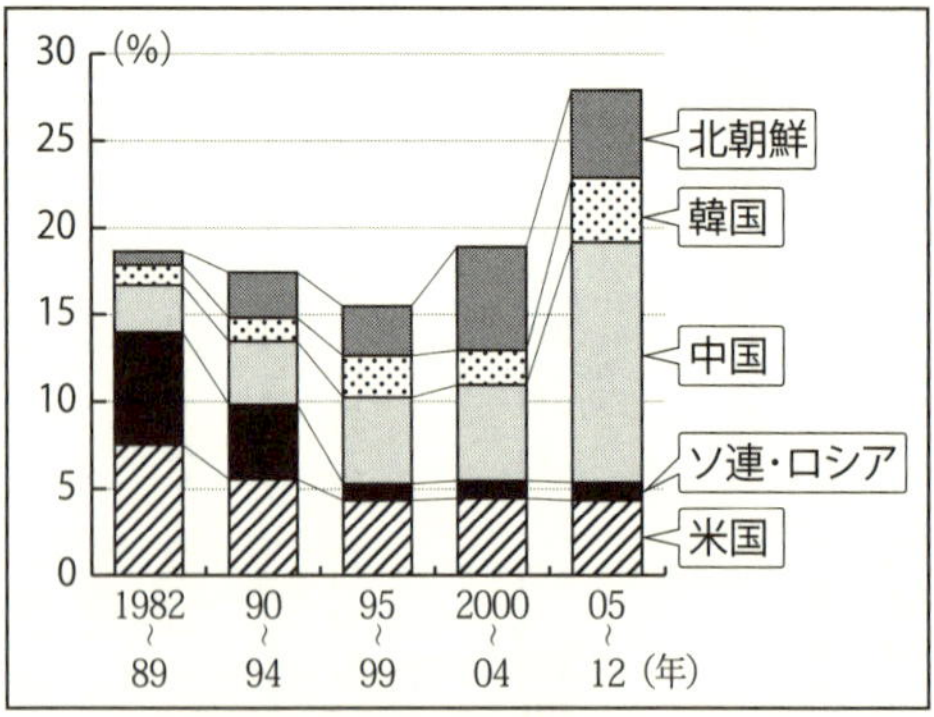

図2　右派論壇誌に登場する頻度

反共主義と北方領土問題の両方に関わるソ連であり、東アジアの近隣諸国ではなかった。それが大きく変化したのは冷戦終焉後であり、現在では韓国、北朝鮮、中国が標的とされるようになった。

近隣諸国に対する憎悪は、なぜ生み出されるのか。在特会から一歩引いて、より体制に近い右派の関心に目を転じていこう。その際、主要な右派論壇誌である『諸君!』（二〇〇九年廃刊）、『正論』『WiLL』の記事からデータベースを作ってみた。これを用いて、一九八二～二〇一二年における右派の関心の変化をみていきたい。

図2は、韓国、北朝鮮、中国、米国、ソ連・ロシアについて、これら三誌が記事見出しで取り上げた頻度を示しており、それ以外の国が登場することはほとんどない。右派の雑誌は内向き志向が強く、安定して好まれるのは、「病める巨象・朝日新聞私史」「昭和史ウラばなし」（いずれも『諸君!』の見出し）といった国内のリベラル派叩きや日本近代史ものである。

これらは、主な読者層たる管理職や経営者の好みを反映している。上記の国が登場するのは、日本のナショナリズムと密接に関係していることによっており、その意味で右派からみた対外的関心（特に仮想敵国）の所在を如実に表している。

まず興味深いのは、冷戦時代たる一九八〇年代から少し比率は低下するものの、米国は常に一定の割合を占め、唯一の同盟国として登場していることである。日本の保守勢力は、歴史認識では潜在的に対立する関係にある米国に、安全保障をはじめ多くの面で依存してきた。こうした両義性を抱えるがゆえに、日本のナショナリズムは親米（主流）と反米（傍流）に分裂する要素を持っていることだけ確認しておこう。

冷戦後の「アジアシフト」

それ以外の国の比率は、冷戦時と冷戦後で大きく変化している。ソ連は、一九八〇年代には最大の敵として米国に次ぐ登場頻度だったが、解体してロシアになってからほとんど取り上げられなくなった。反共主義を一つの柱にしていた右派の主要敵が消えたことになる。その後、ソ連の穴を埋めたのは東アジアの近隣諸国であったが、一九九〇年代後半には外国関連の記事の比率が最小となって内向き志向が強まった。

それが今世紀に入ると、本格的な「アジアシフト」――近隣諸国を敵とした記事が目立つようになった。まず、北朝鮮の比率が急増する。これは、二〇〇二年九月に小泉純一郎首相が平壌を訪問した際、金正日総書記が日本人の拉致を認め遺憾の意を示したことによる。これ以降、日本では激しい北朝鮮バッシングが起こり、拉致問題は核開発と同等あるいはそれ以上の外交課題となった。

この頃、筆者はインターネットを使えなかったバングラデシュで調査をしており、小泉訪朝自体を知らなかった。十月中旬に帰国した時、拉致問題をめぐる報道のすさまじさ、日本全体の異様な雰囲気に驚かされた覚えがある。この時のメディアの洗礼を受けることで、もともと社会党や共産党に投票していた在特会幹部の一人は、極端な変化を経験していた。「決定的だったのは、拉致が発覚したあの年ですね。あの年に自分のなかではっきりと舵が違う方向にガチャッときられたのを感じましたね。今までヨイショしてきた北朝鮮とか、中共(中国)とか、ああいう国がいかにとんでもない国か」(四十代男性)

二〇〇〇年代後半以降になると、北朝鮮に加えて韓国と中国の比率も各段に高まった。これは、小泉首相の靖国神社参拝、竹島や尖閣諸島といった領土問題、中国脅威論、後述する歴史問題を背景としている。その結果、八〇年代に四・六%だった三カ国の登場頻度は、九〇年代には八・九%と二倍に、二〇〇〇年以降には一九・〇%と四倍に達した。八〇年代の仮想敵国だったソ連が六・五%だったのと比較すれば、右派が近隣諸国をいかに敵視しているかがわかる。在特会も、そうした機運に乗じて勢力を伸ばしたものと考えられる。

ただし、三カ国の扱いには一定の差があることにも注意せねばならない。右派論壇誌では、韓国の比率が高まったといっても、北朝鮮の三分の二、中国の三分の一しか登場しない。在特会とは異なり、右派の主流は中国に対する関心が圧倒的に高いといえる。

これは、三カ国との間に抱える問題の相違によるだろう。韓国との問題は歴史認識に集中し、北朝鮮とは拉致と核開発という二大問題がある一方で、国交がないため歴史問題は浮上していない。それに対して中国は、安全保障、歴史、経済のすべてに関わる敵とみなされている。中国の存在感が高まるにつれて、各誌が組む特集のタイトルも、「北東アジア・中国覇権の地政学」という大人しいものから、「忍び寄る中国覇権に屈するのか」「これでも『中国は脅威ではない』と言い張るか！」というヒステリックなものへと変化していく。

韓国への固執

「主権回復を目指す会」や「排害社」（二〇一二年に解散）のように中国人排斥を掲げる団体もあるが、排外主義の標的となるのは圧倒的に在日コリアンだった。二〇一三年五月に在特会がホームページ上で行った投票結果では、五千二百七十二名のうち七八％が韓国を「一番嫌いな国」としていた。中国は一二％、北朝鮮は四％だから、在特会の「嫌韓」ぶりは突出している。では、排外主義運動が中国ではなく韓国に固執するのはなぜか。

その最大の原因は、在特会の排外主義が歴史修正主義から生まれたことにあると考えられる。在特会創設者の桜井誠は、日韓の歴史問題に対する関心から活動を開始している。二〇〇二年当時、一介のネットユーザーでしかなかった桜井は、この頃に始まった韓国・中央日報の翻訳掲示板で韓国人ユーザーと歴史問題に関して議論し始めたという。彼は、掲示板に投稿した文章をまとめて「不思議の国の韓国」というホームページを作り、ネット上で仲間を作っていった。これは、日韓の歴史問題を

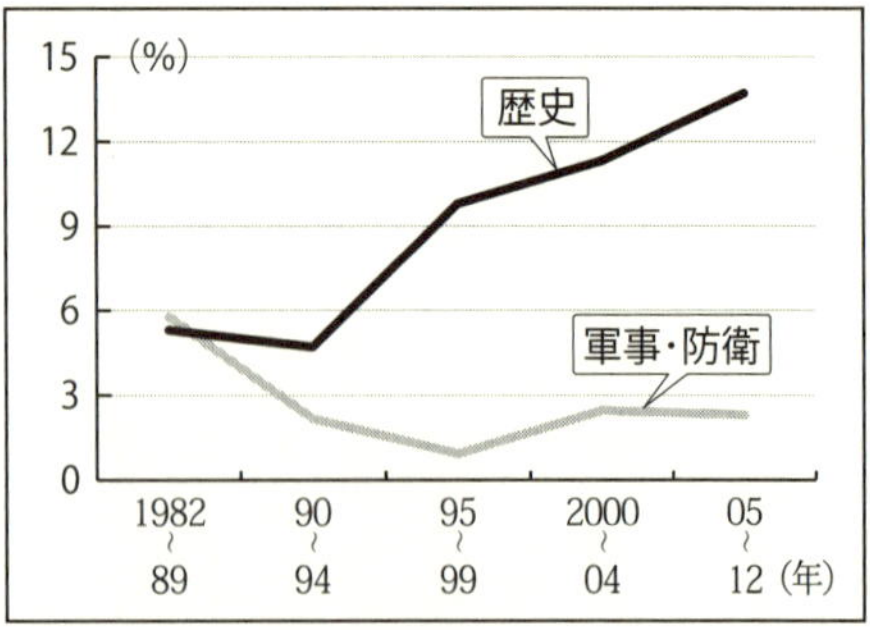

図3　イシュー別の登場頻度

主に扱うものだったが、それが転じて在日コリアンの歴史を標的とするようになっていく。

これ自体は、ネット上でのやりとりから作られた動きといってよいが、その背景には右派全体の関心の変化がある。**図3**は、一九八〇年代には軍事・防衛と歴史問題がほぼ同じ比率で取り上げられていたことを示す。東西冷戦が終わると、軍事・防衛関係記事の比率が激減する一方で、歴史関連の記事は増加していった。今世紀に入ってからは、一九九〇年代前半までの二倍以上の記事が載るようになり、右派にとっての最重要課題となっている。

そこで繰り返される論点は大きく二つある。第一は、「中国と靖國と『歴史カード』」という特集名が示すように、韓国と中国は歴史を外交に利用しているというものである（こうした見方は、歴史修正主義者以外にも一定程度共有されている）。第二は、「日本を貶める『歴史捏造』に徹底反撃する」というように、歴史認識そのものが間違いであるとするもので、現在に近づくにつれて第二の論点が前面に出されるようになった。

一九九〇年代以降の特徴は、こうした右派の論調がマンガなどサブカルチャーを通じて広がったことにある。それがさらに教育現場に持ち込まれており、学生時代から右翼運動をしていた活動家は、以下のように教員を介して歴史修正主義に接していた。「若い副担任の女性の先生がですね、〝皆さん方は日本人であります。日本人としての誇りを持って。日本人としての誇り、日本人とは何なのか、そういうことを勉強するためにも、皆さんが読みやすいように小林よしのりさんが書いた『戦争論』というものがありますんで、これを皆さんブックオフでもいいですから読んでください〟。そういう話をされたんですね」（二十代男性）

桜井も、右派の関心が歴史問題に向かっていく影響を受けて、自らの活動を広げていったといえる。そこで見出したのが、植民地時代に「日本国民」だった過去を持つ在日コリアンの歴史だった。たとえば一九九一年以降、在日コリアンの法的地位（在留資格）は「特別永住」という資格で統一されている。紆余曲折の末、日本国籍を持っていた歴史的経緯を踏まえて設けられた資格である。しかし、その「歴史的経緯」の否定――それこそが歴史修正主義である――により、特別永住資格は「在日特権」だとして攻撃対象となる。

「反日勢力」への敵意

歴史修正主義が他者を攻撃する際に用いるキーワードは、「反日」である。「中華人民反日共和帝国」あるいは「反日〝包囲網〟を打ち破るために」といった特集タイトルが示すように、日本は敵意を持った隣国に囲まれているとみなされる。一九八〇年代には、右派が「反日」という言葉を使うことはほとんどなかった。しかも興味深いことに、一九九〇年代前半まで「反日」としてやり玉に挙げ

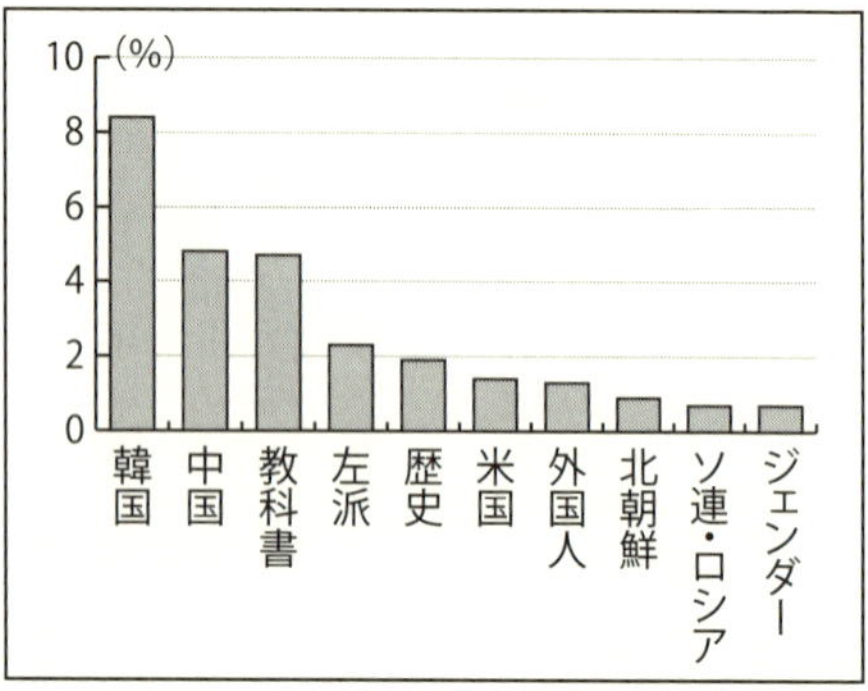

図4　各トピックが「反日」と関連付けられる比率

られるのは、「朝日『論壇』を手玉にとった反日教科書の筆者」という記事が示すように、日本のリベラル派であった。一九九〇年代後半になると、「韓国の反日外交をいかに断ち切るか」といった具合に近隣諸国に対して適用されるようになり、件数も急増する（上丸、二〇一一）。さらに興味深いことに、「反日」と関連付けられる比率がもっとも高いのは韓国（八・四％）であることを、**図4**は示す。これは、左派（二・三％）の四倍近く、中国（四・八％）の倍近い頻度であり、右派からみて「反日国家度」がもっとも高い国ともいえる。

　在特会の韓国嫌いは、「反日勢力」への敵意と歴史修正主義を原動力にしていることに起因しており、その両方が交差する地点に韓国があることによるだろう。こうした事態が生じるのは、黒子としての歴史修正主義と道化としての排外主義が、「反日」という舞台で出会うからである。植民地主義やアジア侵略を美化して語ることが示すように、歴史修正主義は一種の肯定的感情を伴っている。それゆえ歴史修正主義は、必ずしも排外主義のような否定的な感情を出発点とする必要はなく、よいものとして積極的に受容される側面がある。

　三十代の男性活動家は、趣味の世界以外にはほとんど関心がなく、経理事務職として可もなく不可もない生活を送っていた。そんな彼は、インターネットで偶然ある動画に行き当たる。「台湾の人たちがネットで話してたんですね。昔の日本っていうのはこういったもんで、こういった歴史があって、それに対して今の日本人は昔のことを悪く言うばっかで、という話があったんですね。拾って聞いてみたら、何か急に心震えるものがあって」

それから彼は、インターネットで調べ、図書館で歴史修正主義の本を借りて読み、「それまで教えられなかった心震える物語がこの国にはあったんだ」と感激する。しかし、修正主義は無理を重ねて美しい歴史物語を作り出すがゆえに、正史からの反論に堪えうるものではない。物語が脆弱である分だけ、修正主義への共鳴は「自虐史観」を押しつけるとされる「反日勢力」への憎悪へと容易に転換する。

彼の言葉を借りれば、「そういうこと（心震える物語）を思ったときに、そういった国を貶めているのは一体どういったものなのか」となる。その結果、外国人に敵意を持っていなかった者が、「反日」を理由として排外主義に取り込まれていく。この点について、彼は以下のように語っている。「僕は今在特会にいますけど、別に正直在日嫌いなわけじゃないんですよ。日本が嫌いだ嫌いだって壊している人間が嫌いなだけなんで。それ（嫌う対象）のわかりやすいのが――その当時在特会に入ったときには、民団（在日本大韓民国民団）・総連（在日本朝鮮人総聯合会）という外国勢力であり、今でいったらそういった集団とタッグを組んでいる日本人の団体も含めてです」

だが、在日コリアンを脅威とみなす論拠は脆弱であり、活動家自身も曖昧にしか考えていないことが多い。有名私大に通う別の若い男性活動家は、なぜ外国人を排斥するのかという筆者の問いに対して、以下のようにしか答えられなかった。「日本の文化伝統があって、それを守りたいという気持ちがあって。ああそうか……（「外国人問題」とどう関連するのか）……そうですね。やっぱりその、質問されて、何だろうなって自分で初めて思ったんですけど、何なのかな」

彼は、「日本を守る」一環として排外主義運動に参加していることになるが、なぜ在日コリアンの排斥が日本を守ることになるのか考えたこともなかった。近隣諸国は、歴史問題を通じて日本の文化伝統に異を唱えているようにみえる。排外主義運動は、それに対する反撃として位置づけられるが、それと在日コリアンを攻撃することがどう関わるのか、彼は答えに窮する程度の認識しか持っていなかった。排外主義運動が在日コリアンに対してみているのは、「反日的」な「本国」の幻影でしかない。在日コリアンは、誤ったイメージにもとづき本国の「代理人」に仕立て上げられ、筋違いの攻撃を受ける犠牲者なのである。

4　汚辱の歴史を抹殺する排外主義

在日コリアンの否定

日本の排外主義にとっての「敵」は単一ではない。筆者もインタビュー対象者から、「あなたのような左翼が『真の敵であり支那（中国）朝鮮は二の次である』ことに気付いた点で有益だった」、そんなメールをもらったこともある。とはいえ、日本の排外主義が圧倒的に主たる標的としているのが、中国、韓国、北朝鮮および在日コリアンであることは間違いない。

この点で、日本の排外主義は「外国人排斥」というよりはむしろ、「反日勢力たる近隣諸国」の排斥を目的にしているとみたほうがよい。リーマンショック以前には四十万人に達していた在日南米人が、排外主義運動の標的とならないのは、「日系人」という血統によるのではない。南米人は、歴史問題に代表される近隣諸国との関係を反映した存在ではないからである。一方で、在日コリアンは「祖国」の代弁者とみなされ、「特権」「不法占拠」といった理由をこじつけて排斥対象とされる。

在日コリアンは、民族団体の知名度も高く活動も目立っていたし、オピニオンリーダーも輩出して民族差別を告発してきた。しかし、在日コリアンが主たる標的となるのは、そうした在日コリアン自身の性質によるのではなく、植民地支配と在日コリアンの存在が不可分であることによる。歴史修正主義は、植民地化の歴史の否定へ、ひいては植民地主義が生み出した在日コリアンの否定へと行きつく。排外主義運動は、歴史修正主義ゆえに韓国を特に敵視するのと同様に、在日外国人のうち歴史を背負った在日コリアンを主たる標的とする。

それゆえ筆者は、近隣諸国との関係により規定される外国人排斥の動きであり、植民地清算と冷戦に立脚するものとして日本型排外主義という概念を提示した（樋口、二〇一四）。直接の標的になるのは在日外国人だが、排斥感情の根底にあるのは外国人に対するネガティブなステレオタイプよりもむしろ、近隣諸国との歴史的関係となる。

排外主義運動がしているのは、単なる異民族に対する憎悪としての在日コリアン排斥ではない。「主流の歴史にたいして不協和音を奏でるような物語」（グラック、二〇〇七）を体現する存在たる在日コリアンを、汚辱の歴史と共に抹殺したいという欲望が根底にある。これは、ヘイトスピーチという捉え方では解決できない問題である。

第8章　在日コリアンの仕事の変遷

1　在日コリアンを見る眼

歴史のなかの在日コリアン

この章と次章では、在日コリアンの歴史と将来について考える。日本に住む在日コリアンは約百万人といわれるが、全員が外国人というわけではない。二〇一四年末現在で韓国・朝鮮籍の住民は約五十万人。ある時点で帰化した人とその子孫、あるいは両親のどちらかが日本人である場合など、日本国籍を持つ者が残りの半数ということになる。

植民地時代に朝鮮半島から渡日し、そのまま日本に住んでいる外国人は、過去に日本国民だった歴史的経緯から、「特別永住」という在留資格を持つ。その特別永住者は約三十五万人だから半数に満たない。今や、在日コリアンの約九割が日本人と結婚する時代であり、一世代たてばほとんどが日本国籍を持つのが在日コリアンの将来となる。

在日コリアンが日本に居住して一世紀以上が経過しており、過去の議論は実態と合わなくなっている。この本で出発点としたいのは、このような在日コリアンの変化であり、現状と将来を見通すことにある。なかでもこの章では、在日コリアンがついてきた職業について詳しくみていくことにしたい。

就職差別と成功した事業家の間

アデランス、ロッテ、ソフトバンク――一見何の関係もなさそうな三社の共通点は何か。これらはいずれも、在日コリアンの手になる大企業である。日本には、植民地時代の朝鮮半島にルーツを持つ在日コリアンが、日本国籍を持つ者を含めれば百万人以上存在する。モランボン、MKタクシーなど、上記の三社以外にも在日コリアンが創業した有名企業は数多くある。民族的マイノリティが営む事業をエスニック・ビジネスと呼ぶが、在日コリアンは世界的にみてもエスニック・ビジネスで成功した集団といってよい。

だが、戦前から戦後直後にかけての在日コリアンは、ビジネスでの成功どころか貧困層に集中していた（外村、二〇〇四）。在日コリアンが職を探す際には、ほぼ例外なく就職差別という現実が立ちはだかる。一九七〇年には、日本を代表する企業の一つである日立製作所が、在日コリアンの青年の採用を取り消す事件が発生した。裁判の過程で、日立が外国人を雇わないようあからさまに指示した実

タイトル	年	主人公（または家族）の職業
にあんちゃん	1959年	炭鉱労働者
月はどっちに出ている	1993年	タクシー運転手
血と骨	2004年	蒲鉾工場経営
HARUKO	2004年	パチンコ関連
プルコギ～THE 焼肉 MOVIE	2007年	焼肉店
花影	2008年	ジュエリーデザイナー

表1　映画に見る在日コリアンの職業

態が暴露され、差別の一端が明らかにされている。

そうした現実を反映して、映画に登場する在日コリアンで典型的な役柄は、チンピラやくざだった。もちろんそうした人がいないわけではないが、在日＝やくざという像が極端に誇張されている。そうでない職業をみると、**表1**のように炭鉱労働者、タクシー運転手、パチンコや焼肉店といった自営業となっている。『HARUKO』（二〇〇四）という在日一世のドキュメンタリー映画では、主人公が違法なパチンコ景品関係の仕事に手を染めており、それが在日コリアンの仕事に対する一般的なイメージとなるだろう。

一方、二〇〇八年に封切られた『花影《はなかげ》』では、ジュエリーデザイナーとして成功した在日三世の女性がヒロインになっていることが、この表でもう一つ注目すべき点となる。就職差別という現実ゆえに、勉強ができる在日コリアンは医師や薬剤師などの専門職を目指すよう教えられてきたといわれる。実際、政治学者の姜尚中や作家の柳美里など、オピニオンリーダーとして活躍する在日コリアンは多い。在日コリアン弁護士協会のような専門家団体もある。その一方で、大手企業やマスコミに本名で就職する人も増えており、在日コリアンのメディア関係者に出会うことも多くなった。通名（日本名）で働く人、両親のどちらかが日本人である人も含めれば、日本経済の基幹部分への進出は相当進んでいると思われる。

下層労働者、自営、実業家、専門職——こうした交錯する見方のうち、どれが妥当なのか。いずれも現実の一端を示してはいるが、全体像は未解明のままだった。そこでこの章では、近年利用可能になった国勢調査集計を用いて、在日コリアンの仕事の変遷をみていくことにする（詳しくは大曲ほか、二〇一一を参照）。エスニック・ビジネスの変化、ホワイトカラーへの進出状況、差別解消の度合いはどのようなものか。多くの人は、学校を卒業して社会人になる段階で、その後のキャリアがある程度決まってくる。いくら就職差別が緩和されたといっても、中年になって転職できるわけではない。その意味で、世代による経験の違いは決定的な意味を持っており、以下では世代間の違いに着目しつつ変化をみていきたい。

2　エスニック・ビジネスの今昔

在日三大産業の変化

在日コリアンの特徴は、エスニック・ビジネスの従事比率が高く、全国籍中一位を保っていることにある（樋口、二〇一二）。業種は比較的幅広く、大阪や神戸の履物、東京のカバン、京都の西陣織といった地場産業にも食い込んでいる。各地にあるものとして建設、タクシー運転手、不動産、消費者

			1980年	85年	90年	95年	2000年	05年	10年
会社役員		人数	10850	13620	15750	15930	12600	10250	9450
		%	4.6	5.6	6.2	5.9	4.9	4.6	4.9
パチンコ	卸売店主	人数	2380	1890	1630	1590	1160	700	460
		%	1.0	0.8	0.6	0.6	0.5	0.3	0.2
	娯楽場等の接客員	人数	6230	6090	5790	6810	5740	4070	2740
		%	2.7	2.5	2.3	2.5	2.2	1.8	1.4
焼肉	飲食店主	人数	8450	9520	8410	10220	7190	5910	2820
		%	3.6	3.9	3.3	3.8	2.8	2.6	1.5
	調理人	人数	16980	16410	15780	17050	18880	15490	14790
		%	7.3	6.8	6.2	6.4	7.4	6.9	7.6
	給仕従事者	人数	11090	10090	9420	11870	11790	9660	6330
		%	4.7	4.2	3.7	4.4	4.6	4.3	3.3
スクラップ回収	再生資源卸売・回収	人数	7930	6580	3780	2920	2250	1750	1100
		%	3.4	2.7	1.5	1.1	0.9	0.8	0.6
総数			234130	242220	254230	268220	256140	225200	191940

表2　韓国・朝鮮籍の三大産業の推移

金融などが挙げられるが、なかでも焼肉、パチンコ、スクラップ回収は在日三大産業といわれてきた。

まずは、**表2**から三大産業の変化をみていこう。大企業が多いのはパチンコ関連で、マルハンのように売り上げが数兆円に達する企業もある。雇用吸収力という点では焼肉が他を圧倒しており、一九八〇年には約一五%が働く最大の産業だった。五%弱のパチンコとスクラップを合わせれば、在日コリアンの約四分の一が三大産業で働いていたことになる。だが、それから三大産業への従事比率は低下し、二〇一〇年には約三万人、一五%まで減少した。焼肉業界で働く韓国・朝鮮籍の人は、三万六千人から二万四千人へと減少しつつも踏みとどまっている。しかし、パチンコは八千人から三千人へ、スクラップは八千人から千人へと激減した。その意味で、焼肉を除けば在日三大産業という言い方は、過去のものになっている。

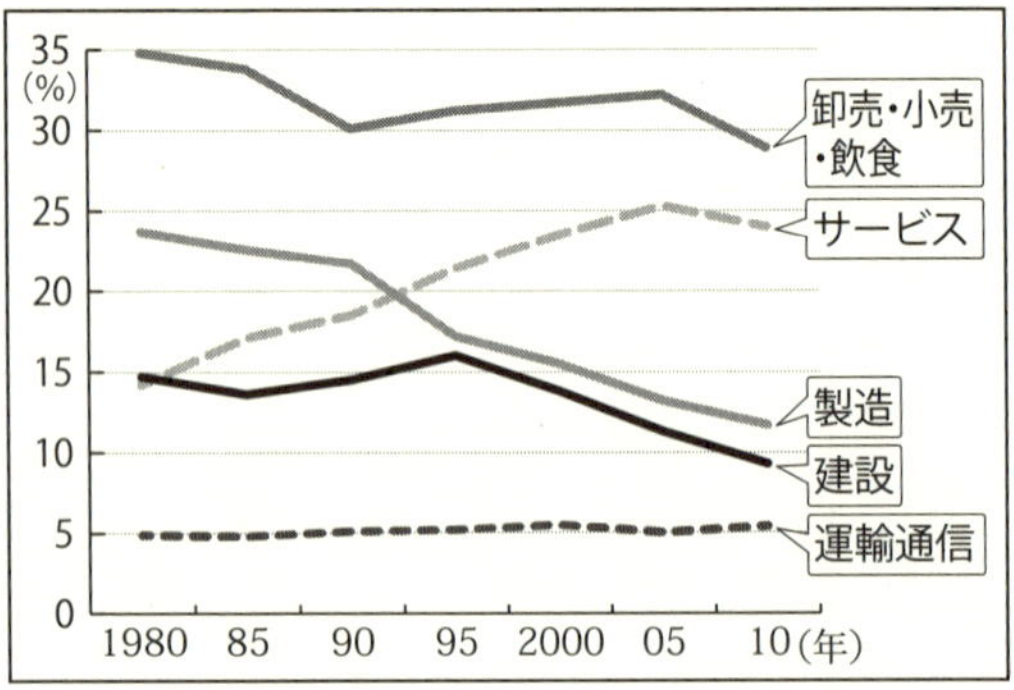

図1　産業別就労比率

これは、日本全体の産業構造の変化をも反映している。映画『キューポラのある街』には、吉永小百合が演じる主人公の親友として在日コリアンの少女が登場しており、舞台となった埼玉県川口市には実際に在日コリアンが多く住んでいた。これは、鋳物の街・川口で出る鉄くずのリサイクルが在日コリアンの仕事だったからである。しかし、現在の川口市は東京のベッドタウンとなって工場はほとんどなく、それがスクラップ産業の衰退に直結した。

三大産業に限らず、在日コリアンの仕事はかなり変化したことが、主な産業への就労比率を示した**図1**からわかる。基幹産業である卸売・小売・飲食は、二〇一〇年時点でも約三割を占めるが、減少傾向にある。それに次ぐ存在だった製造業は衰退し、三十年間で半減した。建設も、製造ほどではないものの日本全体を上回るペースで減少した。それに代わって伸びたのはサービス業だが、これは日本全体でサービス業が増えたことの反映だろう。全体として、特定の産業に集中する傾向が弱まり、日本人との違いがなくなりつつある。

自営業離れという現実

こうした変化は、エスニック・ビジネスについてより明瞭に表れている。自営業者の比率は三十年間で四四%から二〇%まで大幅に低下した。ただし、これにはいくつかの留保が必要である。一九八〇年時点では、役員も合わせれば在日コリアンの約半数が、エスニック・ビジネスを営んでいた。従業員も含めれば、エスニック・ビジネスで働く人の割合はさらに高くなる。

これは驚くべきことで、いかに就職差別があったとはいえ、在日コリアンは自分たちの仕事をほとんど自前で創り出していた。その結果、八〇年には例外的といってもよいくらい自営業が高率だったともいえる。その後、日本全体で自営業者が減ったことを考えれば、二〇%というのは依然として高い数値とみてよいだろう。

その一方で、**図2**はもう一つの現実――世代交代によるエスニック・ビジネス離れ――をも示している。この章では、主に出生年による在日コリアンの仕事の相違をみていくが、それは世代交代によって職業が大きく変化するからである。具体的には、戦前・戦中(一九四五年以前)、団塊から新人類世代(一九四六〜六五年)、それ以降(一九六六年〜)に区分した。読者諸氏はご自分がどの世代に属するか、あるいは家族の出生年を思い浮かべながら、変化を読み取ってほしい。

一九四五年以前に生まれた人は、八〇年時点で半数以上が自営業者だった。それが二〇一〇年には三六%までかなりの低下をみているが、これは高齢になって廃業が増えたことの影響だろう。一九四六年から六五年生まれになると、自営業者の比率は八〇年時点で三割まで低下した。さらに六六年以降生まれになると、その比率はわずか一割でしかない。たとえば小さな焼肉店を経営する家族なら、子どもたちは勤め人となって跡を継がず、親の代で店を閉める状況を思い浮かべればよいだろう。

エスニック・ビジネスのアップグレード

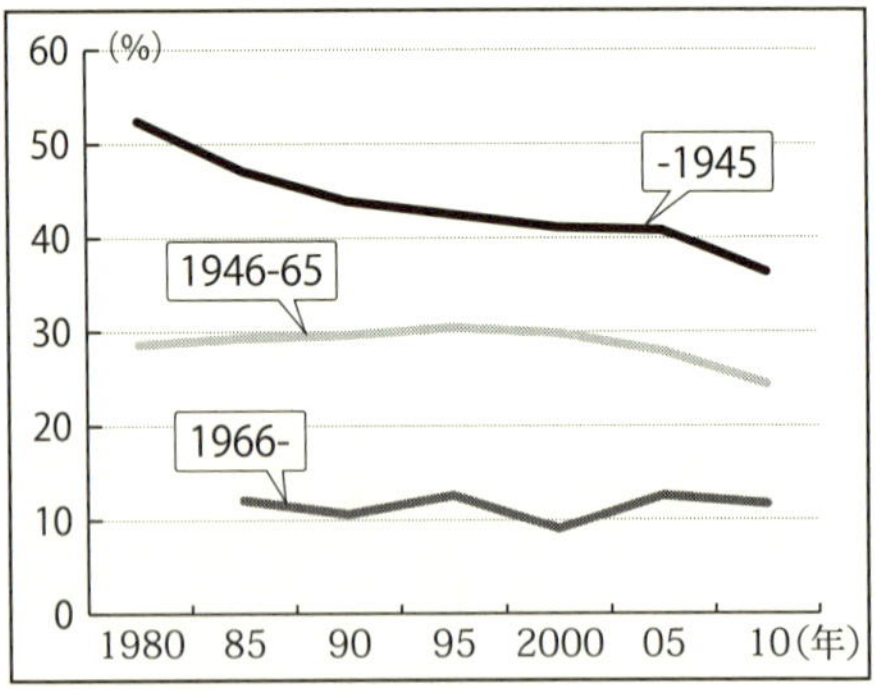

図2　自営業者比率の推移

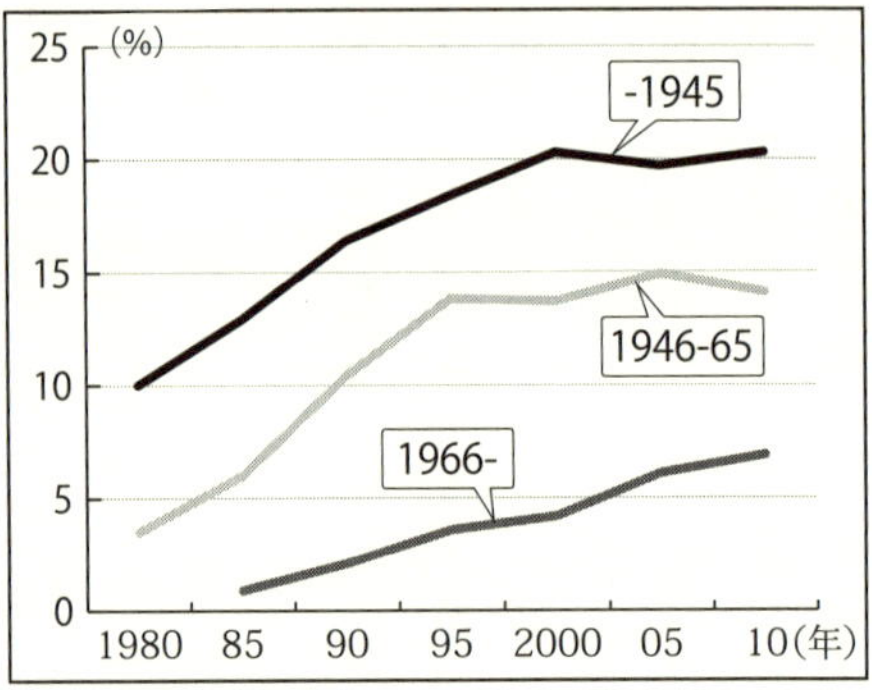

図3　役員比率の推移

自営業の比率をみる限りでは、エスニック・ビジネス離れは不可避のようにみえる。だが、企業組織の経営者たる会社役員に目を転じると、異なる状況が浮かび上がる。図3をみると、役員比率についても世代間で差があるが、これは一定の年齢にならないと役員になれないからである。自営業者と異なり、どの世代でも年齢が上がるほど（図で右に進むほど）比率が高くなっている。これは一九六六年以降生まれにも該当しており、零細自営の跡継ぎにはならないが、会社組織の役員にならなるということだろう。

全体をみても、役員の比率は八〇年と比べて九〇年代以降の方が高い。その意味で、エスニック・ビジネスは自営業から会社組織へと規模を拡大する傾向にある。二〇一〇年には自営二〇%、役員一一%となっており、エスニック・ビジネスを営む者の三分の一が役員となった。建設業は、自営業者が減って役員が増えた典型的な産業である。息子たちは、父親が一人親方の職人なら跡を継がず勤め人になるが、会社組織としてある程度の規模に達していれば家業を継いで早くから経営者として出世していく。その意味で、在日コリアンの若い世代は、役員になる機会が同世代の日本人と比べて格段に開かれている。

では、規模拡大したエスニック・ビジネスを支えているのは誰か。役員比率を学歴別にみた図4は、大卒で経営者になる比率が高いことを示す。パチンコ関係の大企業たるマルハンを興した韓昌祐も、当時としては珍しい大卒であった。二〇一〇年をみると、大卒以上では自営業者が一六%、役員が二一%であり、エスニック・ビジネスに留まる大卒者の半数以上が役員となった。その意味で、比率と

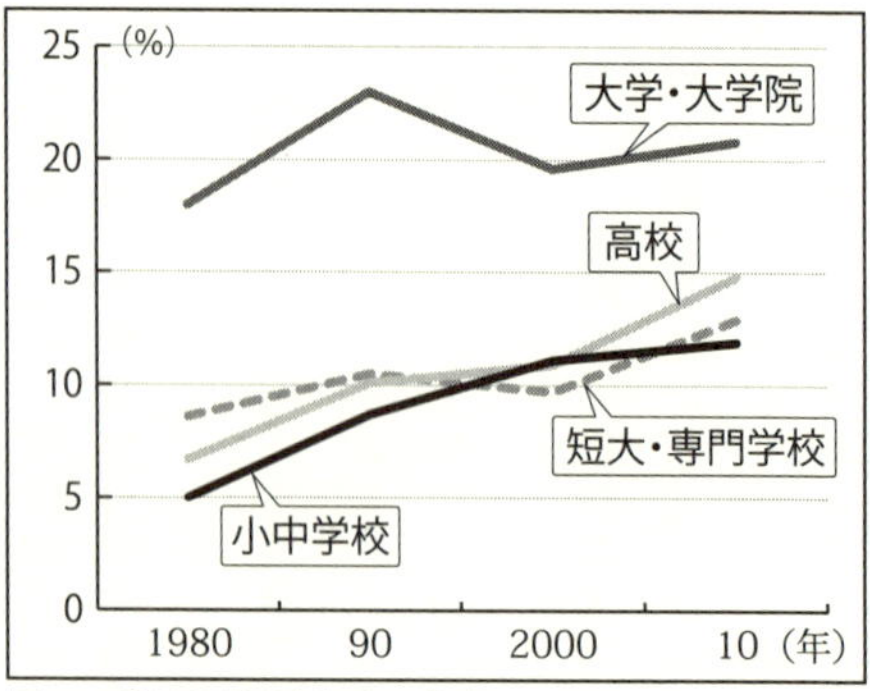

図4　学歴別役員比率の推移

してはエスニック・ビジネス離れが進んでいるが、質的にみればそうとはいえない。大卒者がエスニック・ビジネスに留まるメリットは、むしろ高まっている。続けるメリットがない部分は事業を畳み（もしくは淘汰され）、メリットがある部分が生き残る形でアップグレードされているとみたほうがよいだろう。

3　自営業からホワイトカラーへ？

移民の立身出世物語

冒頭で触れた政治学者の姜尚中の実家は、熊本でスクラップ回収業を営んでいた。彼は大学・大学院と進み、ドイツ留学まで果たしている。親のビジネスを経済的基盤として学究の道を選び、在日コリアン初の東大教授にまでなった。――このようなサクセスストーリーは、姜だけのものではない。世界的にみても、自営業を営む移民は自分が果たせなかった夢を子どもに託し、教育に惜しみなく投資して子どもはホワイトカラーになっていく。

これは、世代をまたいだ立身出世の物語であると同時に、移民が経済的に同化していく過程をも示している。しかし、在日コリアンは長らく就職差別によりホワイトカラーになるのが難しかった。日本は同化主義的な社会といわれるが、経済的にみれば同化を拒んできたのである。その結果、在日コリアンは三大産業に代表される独自の経済を発達させることとなった。

とはいえ、前節でみたように若い世代では自営業離れが進んでおり、雇用者（勤め人）の比率には大きな世代間格差が生まれた（**図5**参照）。戦前・戦中派の勤め人は四割、戦後成長期世代は六割、若年世代は八～九割と大きな断絶がある。

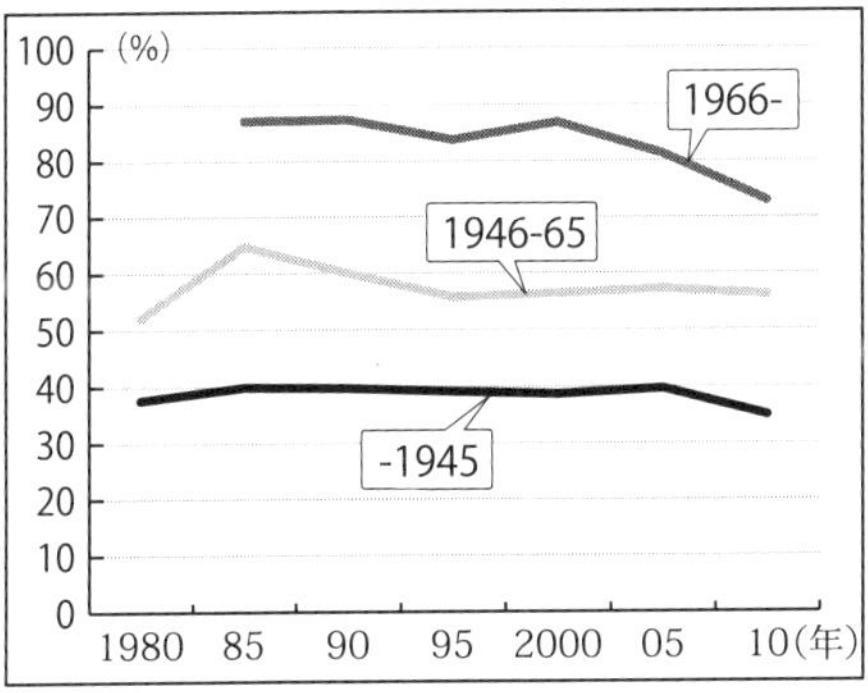

図5　出生年別雇用者比率の推移

これをもって、在日コリアンの若い世代はホワイトカラーに進出し、経済的同化が進んだといえるのだろうか。管理職以外のホワイトカラー（専門・技術・事務職）の比率は、一二％（一九八〇年）から二四％（二〇一〇年）と倍増した。もっとも、日本全体でホワイトカラーは増加しており、そうした全体的趨勢を受けたに過ぎないともいえる。データをみる限り、専門職の比率は日本人と比較しても一貫して低い。勉強ができる子どもは就職差別を避けるべく専門職になるというストーリーは、必ずしも成り立たない。

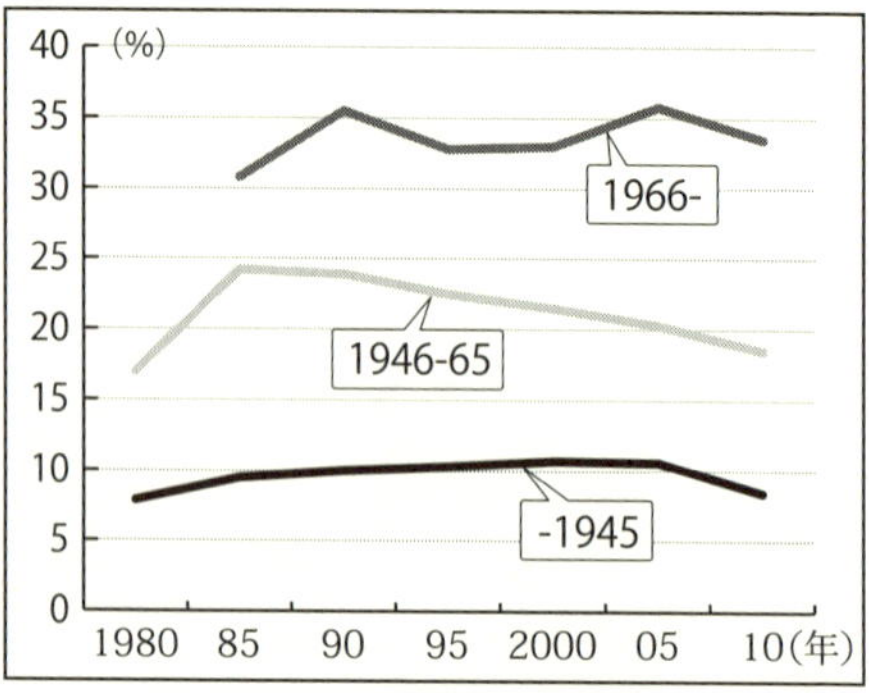

図6　専門・技術・事務職比率の推移

ホワイトカラーは増えたけれど

ただし、図6からは世代ごとの変化の大きさを読み取ることもできる。一九六六年以降生まれになると、就職差別が緩和された効果が表れている。この世代では、専門・技術・事務職が販売・サービス職を上回るようになった。在日コリアンが優位にある役員（管理職）を加えると、ホワイトカラーの比率は日本人と同等になる。逆にいえば、ホワイトカラー雇用者は増えたものの、エスニック・ビジネスの助けを借りなければ、まだ日本人との差は存在するわけである。

つまり、姜尚中のような専門職の比率は高まったものの、それは日本全体で専門職が増えたことに伴う「自然増」にすぎず、格差が縮小したわけではない。それでも若い世代では、役員も加えたホワイトカラー全体で日本人との差がなくなった。戦前生まれから三世代かけ、エスニック・ビジネスという基盤の力を借りて、ようやく格差解消がなされたことになる。実は、在日コリアンと日本人の間に学歴の差はないから、ホワイトカラーが少ないのは学歴が低いゆえのことではなかった。そうであるならば、三世代かけずとも二世代で格差解消は可能であり、一世代多くかかったのは、就職差別の影響によるものと考えてよいだろう。

4 「割を食う」のは誰か

戦前・戦後世代の職業

前節でみたのは、ホワイトカラーに進出する若い世代の状況だった。だが、すべての在日コリアンが高学歴でホワイトカラーになれるわけではない。エスニック・ビジネスは、学歴が低い者にも自営業者として一定の経済的地位を確保させる役割も果たしてきた。エスニック・ビジネスは、ある種の平等化をもたらしてきたわけで、それが縮小することで格差が拡大する可能性がある。すなわち、エスニック・ビジネスがなくなることで、より待遇の悪い仕事にしかつけない、あるいは失業の憂き目にあう在日コリアンが増えるのではないか。

こうした「格差拡大説」について、生産工程・労務というブルーカラー職の比率を示した**図7**から考えてみよう。この図からは、大きくいうと二段階の変化を読み取ることができる。

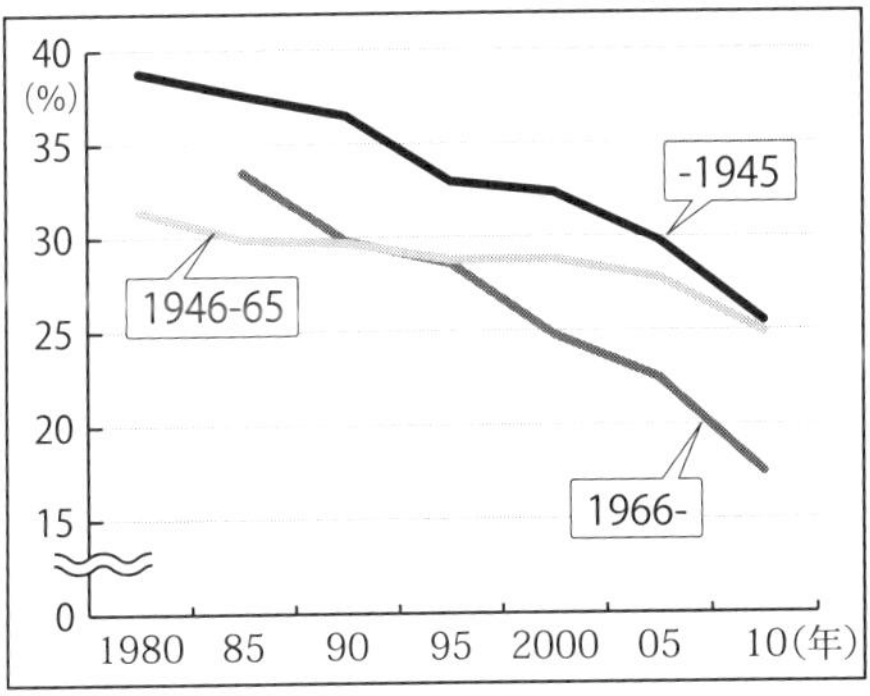

図7　ブルーカラー比率の推移

第一に、戦前・戦中生まれの在日コリアンは、一九八〇年時点でさえ四割弱がブルーカラーだった。この時点で五十代後半だった大正世代（一九二一年から二五年生まれ）は、ほぼ半数がブルーカラーの仕事についていた。それから年を追って比率は少しずつ下がっていくが、これは日本全体でブルーカラーの仕事が減ったからである。戦前・戦中世代は、ブルーカラーに集中する状況から脱出できなかったことになる。

第二に、一九六六年以降生まれ世代では大きく状況が異なる。この世代は、八五年と九〇年こそブルーカラー比率が三割を超えていたものの、二〇一〇年になると一八％まで低下した。これは日本人よりも低い値であり、三世代かけてブルーカラーへの集中から脱したことになる。この世代は、ホワイトカラーに大々的に進出する一方で、ブルーカラーが増加するという格差拡大も起こらなかった。就職差別が緩和された結果、より安定した仕事を得られるようになった世代だといえるだろう。

ただし、一九四六年から六五年生まれ世代は、そうした変化の波から取り残されているようにみえる。八〇年のブルーカラー比率は三一％と、戦前・戦中世代より低かったものの、その後はほとんど横ばいで推移している。この世代は、戦前・戦中世代と異なり下層労働への集中があったわけではないが、ブルーカラーの比率はほとんど変わらなかった。この世代だけが、他の仕事に移動する機会をつかめなかったといえる。

一九四六年から六五年生まれ世代が割を食う状況は、**図8**の失業者比率からもみてとれる。日本では国籍別の労働統計がないため、外国人の失業問題は表面化しないが、在日コリアンの失業率は日本人より常に高かった。これは二〇一〇年時点でも同様で、年齢・学歴を問わず日本人より高い。これは、ある部分での就職差別が依然として残っている証拠だといわざるをえない。

　ただし、世代ごとに状況は異なる。絶対的な比率でいえば、一九六六年以降生まれ世代だけがずっと一〇%を超えている。だが、これは一般に若者の失業率が高いがゆえのことであり、日本人と比べた失業リスクは二倍未満で推移している。日本人との比較でもっとも失業リスクが高かったのは戦前・戦中世代で、八〇年時点で二・七倍にのぼっていた。ただ、この世代の失業リスクは徐々に低下し、二〇〇〇年には二倍未満まで下がっている。

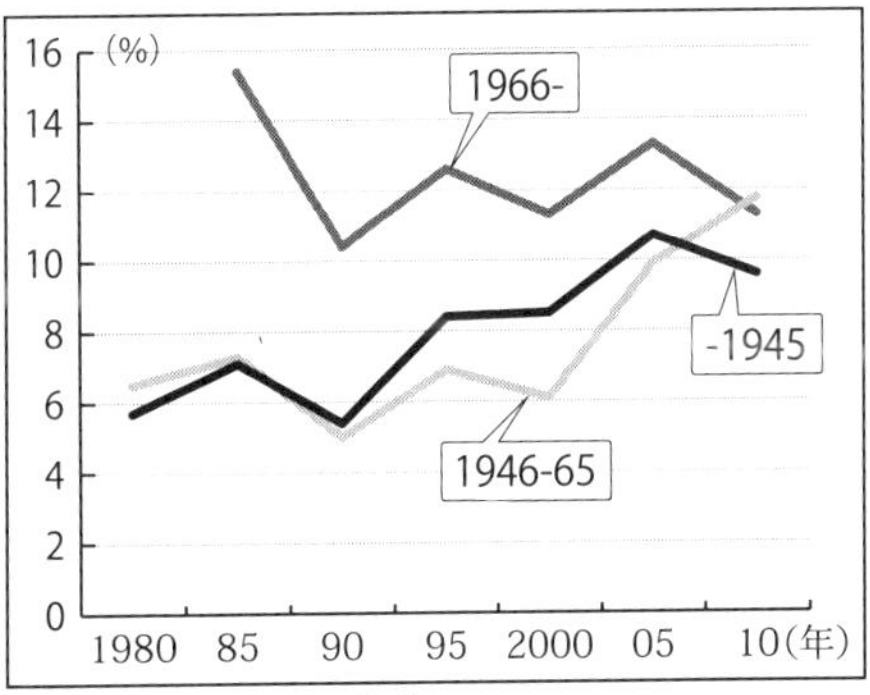

図8　失業者比率の推移

　それに比べると、一九四六年から六五年生まれ世代は、失業に関しても状況がよくなっていない。八〇年時点での失業率は七%、日本人と比較した失業リスクは二倍だったが、それから改善することはなかった。二〇〇〇年代になると失業率が上昇し、二〇一〇年には一二%と若年層より高くなってしまった。

　これは、自営業比率の低下と軌を一にしている。上の世代が引退し、下の世代がホワイトカラーへ進出する狭間で、自営業を廃業しても次の仕事がない状況が浮かび上がる。日本全体では、団塊世代から新人類世代といえば、経済成長の恩恵を一番に享受した人たちといわれる。しかし、在日コリアンのこの世代は、エスニック・ビジネスの縮小が停滞や失業増をもたらしており、格差拡大の割を食う犠牲者となっている。

5　格差解消の光と影

三世代かかった格差解消

在日コリアンの有名人といえば、スポーツ選手や芸能人、文化人が挙げられるが、その社会を支えてきたのは在日商工人と呼ばれるエスニック・ビジネスの担い手だった。失業率は高かったが、ビジネスが経済的基盤を築いたことで、日本では深刻な民族問題が発生しなかったともいえる。一方で、戦前・戦中世代、団塊から新人類世代、一九六六年以降生まれ世代で、職業上の経験が大きく変化してきた。これは、日本全体で世代ごとに従事する仕事が変化した影響に加えて、移民特有の世代間変化の結果でもある。

この変化の速度は、移民の特性に加えて受け入れ社会の性格によっても異なってくる。アメリカに移民した韓国人は、在日コリアンと同様に第一世代がエスニック・ビジネスに従事した。それに対して、第二世代のほとんどは親のビジネスを継がず、ホワイトカラーへの道を歩んでいる。アメリカの方が一世代早くホワイトカラーへの進出を果たしたのは、第二世代は無条件にアメリカ国籍を持ち、就職差別もなかったことによる。

アメリカと違って血統により国籍を定める日本では、何世代たっても帰化しなければ外国人のままであり、それが就職差別を助長してきた。その結果、格差解消に三世代もかかったと考えられる。それでも、就職差別が緩和されたことでホワイトカラーへの進出は進んでおり、この動きが止まることはないだろう。

だが、その狭間にあたる一九四六年から六五年生まれ世代は、そのような機会から排除されてきた。この世代は、一世が築いた経済的基盤の上に育ったがゆえに、初期条件は親世代よりもよかった。しかし、この世代は就職差別のさなかで仕事を探さねばならず、エスニック・ビジネス以外の世界で出世できなかった。実際、ホワイトカラー雇用者の比率は年を追って低下し、ブルーカラーの比率も他の世代ほどには減少していない。さらに自営業が縮小するに及んで、失業などで割を食うのはこの世代でもあった。

これは、若年層が長期不況下で割を食うとされる、日本全体の状況とは異なる現実である。ロストジェネレーションや氷河期世代といった言葉は、七〇年代以降に生まれた若者を指して使われてきた。しかし、在日コリアンが日本人との格差を一番縮めたのは、長期不況下で職を得たこの世代だった。この世代の在日コリアンにとっては、日本全体の経済状況よりも、就職差別の緩和の方が大きな意味を持つわけである。

しかし、若い世代でも失業率の格差を解消することはできなかった。この格差は、差別の残存によってしか説明できない。在日コリアンの職業、特に若い世代の仕事についての研究は、ほとんど進んでいない。残された差別がいかなるものか、明らかにする必要がある。

それでも、三十年間の変化をみる限り、世界的な比較の上で在日コリアンを位置づければ、「モデル・マイノリティ」とみなされるだろう。この言葉は、主に在米アジア系移民に対して用いられる言葉で、「移民の優等生」という意味合いになる。具体的には、一世は貧しくても二世は高い教育を受け、ホワイトカラーへと出世していくようなイメージになる。在日コリアンの場合、就職差別ゆえに在米アジア系移民より一世代分多く時間をかけて、「モデル・マイノリティ」の地位に到達した。

だが、モデル・マイノリティとしての在日コリアンの姿からは、解けない問題が近年になって発生した。すなわち、在日コリアンは日本における排外主義の攻撃を集中的に受けている。在日コリアンは、日本人との職業上の格差を着実に解消してきた一方で、政治的には排外主義の標的となってきた。

このギャップは、在日コリアンを取り巻く法的・政治的な状況に起因しており、戦後ずっと放置してきた問題が噴出したものとみなすべきである。なぜそうした状況が生じるのか。次章では、外国人参政権を取り上げて、問題を生み出す構造を明らかにしたい。

第9章　在日コリアンの参政権と国籍

1　十八歳選挙権の影――カヤの外の外国籍生徒

法律ではなく政治判断

二〇一六年の参議院選挙から選挙権が十八歳に引き下げられ、高校三年生も投票に行くことになる。どういう変化があるのかはよくわからないが、若者が政治のことを考えるのはいいことではないか、そのように思う人が多いのではないか。しかし、韓国系在日コリアンの民族団体である在日本大韓民国民団（民団）の機関紙は、これについて「カヤの外の外国籍生徒」と報じた（『民団新聞』二〇一六年一月一日付）。十八歳になっても選挙権がない外国人の生徒のことも考慮すべき、という趣旨である。

これまでとの違いは、年齢が引き下げられたことで同じ高校のクラスメートの間に、国籍によって選挙権がある生徒とない生徒に差が生まれることにある。これに関して、「選挙権がないのは法律的には当然、心情的にはしかたないのでは」と、筆者が加入している外国人教育に関するメーリングリストで書いた人がいた。だが、果たしてこれは、「当然」で「しかたない」ことなのだろうか。答えは否である。

まず、外国人に参政権がないのは法律的にみて「当然」ではない。これまで、在日コリアンは参政権を求めて四回の訴訟を起こしており、いずれも敗訴している。しかし、一九九五年二月に最高裁が出した判決では、以下のように書かれている。「(特別永住者等に)選挙権を付与する措置を講ずることは、憲法上禁止されているものではないと解するのが相当である」。つまり、「法の番人」が外国人参政権を認めても問題ないといっており、実現するか否かは法律ではなく政治の判断になる。

さらに、アメリカであれば出生地主義と呼ばれる国籍法により、外国人の子どもも生まれた時点でアメリカ国籍になる。在日コリアンは五世がいる時代だから、当然日本で生まれている。アメリカのような国籍法ならば、在日コリアンに選挙権がないという事態は起こりえない。オランダなら、五年以上居住する外国人には地方選挙権が与えられるから、外国人の生徒でも自治体選挙ならば投票できる。

ここで挙げたアメリカやオランダは、特に例外というわけではない。先進国ならば、「参政権」か「国籍」のどちらかを持つことで、移民が政治参加できない事態を解消しようとしてきた。そのいずれも認めていないのは、ＯＥＣＤ加盟国の中では日本だけである。外国人参政権の問題を考えるに際しては、くだんの投稿のように「外国人だから選挙権がないのはしかたない」という思い込みを捨てなければならない。

外国人参政権は、一九八〇年代にヨーロッパの「移民統合」の文脈で、政策課題として浮上した。第二次大戦後に受け入れた外国人労働者が定住化し、社会的な定着を促す政策の一環として、外国人参政権が位置づけられている。

なぜ外国人参政権が必要なのか。移民先の国に定住しているのに、外国人というだけで選挙に行けない状態が続くのは、民主主義国家として望ましくない。民主主義とは、統治される民衆が統治する政治システムを指す。我々は政府により統治されているが、その政府を我々が統治する仕組みとして選挙や直接請求が考えられてきた。外国人だって、居住国の政府に統治されていることに変わりない。統治される者が統治するのが民主主義なのだから、外国人も参政権を持つ必要がある、そうした考えである。

この章では、反対論に押されて最近影がすっかり薄くなった外国人参政権について、国籍のあり方も含めて再考する。というのも、外国人参政権を取り巻く状況は、在日コリアンの過去と将来が抱える課題をよく映し出すからである。この問題に関しては、「外国人参政権が実現したら日本が乗っ取られる」といった非現実的な感情論が、冷静な議論を妨げてきた。頭を冷やして現実から距離をとるために、まずは世界的な動向を踏まえたうえで、「国際基準」からみた日本の特徴を浮き彫りにする。

その上で、ありえる解決法について考えていくこととしよう。

2　外国人参政権の日本的特質

たなざらしにされた七十年――一時滞在者から住民へ

一般に、外国人の権利は居住期間が長くなるにつれて拡大する。日本に入国した旅行者は、働くことは認められていないし、国民健康保険に入ることもできない。病院に行けば、旅行者保険を使うか全額自費で払うしかない。しかし、三カ月以上の居住期間があるビザを持っていれば、国保に入ることが権利であり義務となり、就労ビザを持っていれば働くこともできる。労働上の権利は国籍や在留資格にかかわりなく保障されるから、オーバーステイの外国人にも最低賃金は保障されるし、労働組合にも入ることができる。公営住宅にも入れるようになるし、定住可能なビザを持っていれば生活保護も申請できる。

もっとも、外国人にとって小中学校は義務教育ではなく、学校に通うかどうかは本人の判断に任される。逆に言えば、外国人には教育を受ける権利が必ず保障されているわけではない。生活保護も、法律上の権利として申請できるわけではなく、行政の判断で支給しているから異議申し立てはできない、そんな位置づけになっている。

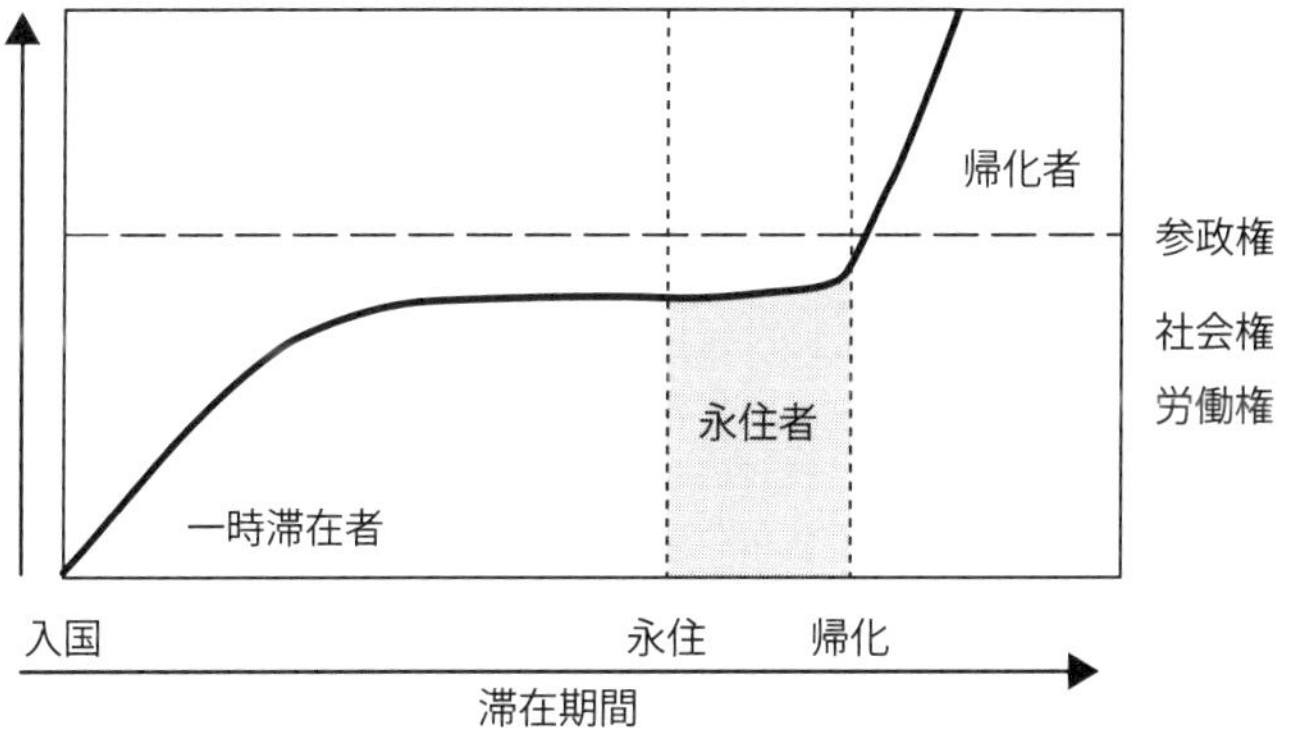

図1　外国人の権利に関する伝統的な考え方
出典）Layton-Henry，1990をもとに作成

それでも、一時滞在から定住に近づくにつれて、日本でも外国人の権利が広がることはわかる。それを示したのが**図1**であり、右側に進むほど在留期間が長くなり、労働権、社会権など段階的に認められていくようになる。しかし、参政権だけは居住期間が長くなっても認められない。国籍をとらない限り、外国人に参政権は認められないとするのが、二十世紀の基本的な考え方だった。これは、時間がたてば自然に国籍をとる人が増えて参政権も認められるので、外国人に政治的権利がないのは一時的な問題だとみなしたことによる。

宙づりの移民たち

しかし、現実はそのようにならなかった。当時のヨーロッパにいたのは、一九五〇年代から六〇年代に外国人労働者として働きに来た人たちで、仕事を辞めたら家族の待つ祖国に帰ると思われていた。しかし、ヨーロッパでの暮らしに慣れた外国人労働者は、故郷に戻って生活をやり直す

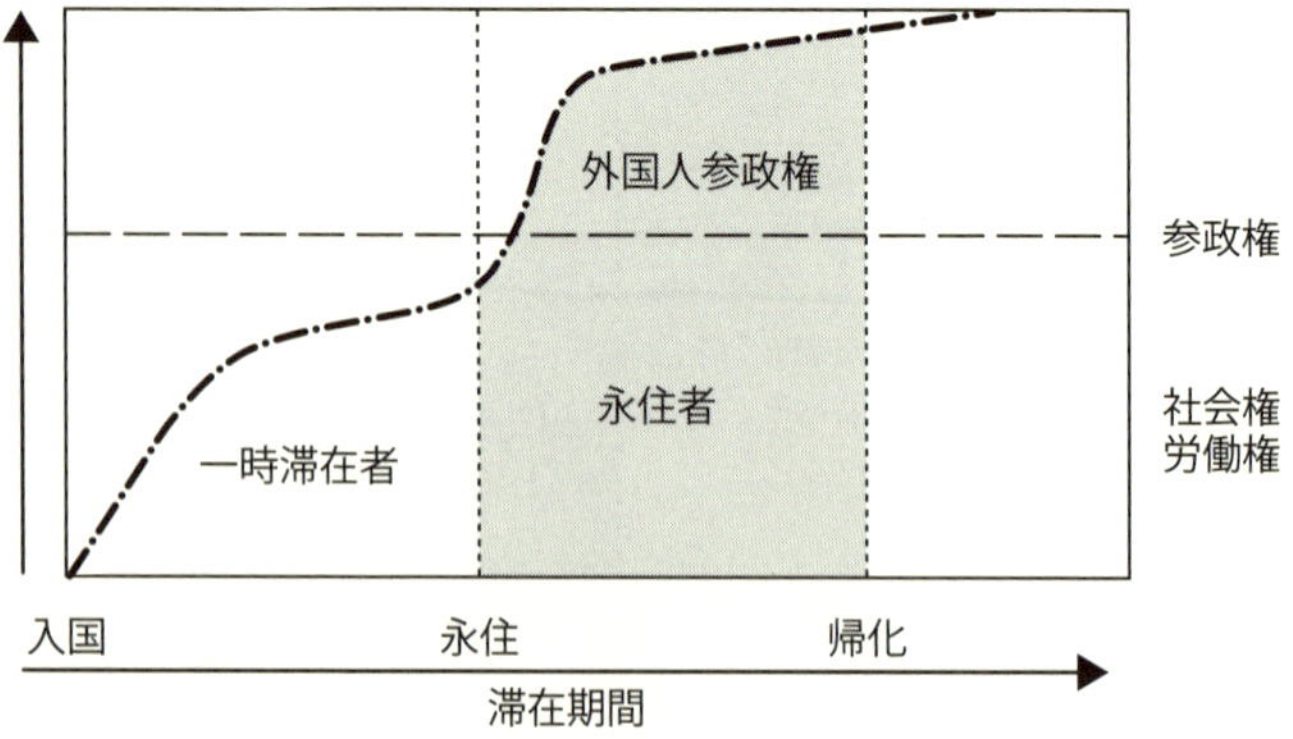

図２　永住外国人の増加と外国人参政権
出典）Layton-Henry, 1990をもとに作成

より家族を呼び寄せて一緒に暮らすようになる。

これが移民の定住と呼ばれるものだが、これは従来の議論が想定しない事態だった。それは第一に、外国人労働者は必要な時だけ仕事をしてくれる存在で、永住するとは考えていなかったからである。第二に、永住というのは一時的な状態で、移民はすぐに帰化するものと考えられていたが、実際には外国籍のまま住み続ける人が大量に現れた（ハンマー、一九九九）。

一時滞在ではないが国民でもないという永住外国人に対して、労働権や社会権は保障されているが、参政権は認められていなかった。この状態を解消するために、一定期間居住した外国人に対する参政権が設けられたのである（**図2**）。もっとも、ここでいう参政権とはほとんどが地方選挙に限られており、関心の高い国政選挙には参加できない。それでも、定住した移民のほとんどは何らかの形で参政権を持つようになっている。

図2に関して日本で特徴的なのは、永住だが帰化してい

ない状態にある時間の長さである。これまで述べてきたヨーロッパの例が念頭においていたのは、十五年から二十五年程度の期間だった。日本の場合、在日コリアンの日本居住歴は一世紀以上に及んでおり、七十年以上、選挙権がない状態で放置されてきた。そこには半世紀分の落差があるが、日本は未だに何もしようとしていない。日本が異常なのか、ヨーロッパが大げさなのか、読み進めながら考えていただきたい。

失われた参政権と国籍

日本のもう一つの特徴は、国籍のあり方とかかわる。ヨーロッパの外国人参政権は、一時滞在から永住に至った移民を対象にしていた。在日コリアンも、最初は一時的な出稼ぎとして渡日した点では変わらないが、植民地時代には日本に住むコリアンも日本国籍を持っていた。だから戦前の在日コリアンは、国政も含めて参政権を持っており、朴春琴という国会議員も送り出していたのである。

在日コリアンにとっての問題は、参政権がなかったことではなく、一九四五年十二月にそれまで持っていた参政権を取り上げられたことにある。女性は戦後になって参政権を得たが、それと逆に在日コリアンは参政権を失った。これは、在日コリアンが政治的な力を持っては危険だという当時の国会の判断によっており、外国人参政権は憲法違反だという法的な根拠があったわけではない。そもそも、この時には憲法もまだ制定されていなかったのだから、判断のしようもなかった。

さらに、この時点では在日コリアンの国籍はあいまいだった。日本国籍のままなのか、朝鮮半島で独立した国の国籍なのか。当時の朝鮮半島は南北分断と朝鮮戦争が起こる前で、所属すべき国家も定かではなかった。ただし、米軍統治下で旧植民地出身者は日本国籍を持つものとされ、なおかつ参政権は認められない奇妙な状態におかれた。国籍が確定したのは一九五二年であり、在日コリアンは「日本国の領土から分離することとなるので……日本の国籍を喪失する」と一方的に言い渡され、今に至っている。

国際基準からの逸脱

こうした処遇は、国際基準から大きく逸脱している。外国人参政権についていえば、イギリスとアイルランドや英連邦諸国、ポルトガルとブラジル、スペインと南米諸国のように、旧植民地出身者に対して国政を含めて認める場合も多い。アメリカとフィリピン、フランスとアルジェリアなどのように、旧植民地出身者に配慮しない国もある。その意味で、独立に伴い旧植民地出身の外国人が常に参政権を持つわけではなく、外国人参政権が国際基準であるとはいい難い。

しかし、外国人参政権を認めない国は(認める国でも)、旧植民地出身者に国籍を付与することによって対応している。日本に即していえば、在日コリアンや在日台湾人に対して日本国籍か本国の国籍かどちらか選べるようにするのが、植民地独立に際しての国際基準となる。

ところが日本の場合、国籍選択の機会はまったく与えられず、旧植民地出身者は有無を言わさず外国人として扱われるようになった。第二次世界大戦後に植民地独立が相次ぐなかでも、かなり劣悪な処遇と言わざるを得ない。これに対して、日本が植民地を完全に放棄して以前の状態に戻す（原状回復）には、日本国籍が最初からなかったようにする必要があるという見方もある。そうだとしても、戦前から日本に住んでいた歴史が消えるわけではない。旧植民地出身者は、かつて日本人として扱われていた「過去の国民」である。「過去の国民」が日本に今後も住み続けることに対する配慮があれば、日本国籍をとりやすくするような手続きがあってもよい。

しかし在日コリアンが日本国籍をとる場合には、複雑な帰化手続をとることが今でも必須となる。かつては、韓国語の名前を日本語に変えるよう指導されるなど、帰化は評判が悪い制度だった。現在はそこまで露骨なことはしないが、面倒で時間がかかる手続きであることに変わりない。帰化認定に際して、犯罪歴の有無が大きな意味を持つため、交通違反もしないよう緊張を強いられる。

それに対して、日本人の子どもだが日本国籍を持たない海外在住者の場合、成人するまでは帰化手続をしなくても日本国籍をとることができる。たとえば南米に移民した日本人に子どもが生まれ、現地の日本大使館に出生届を出さなかったとしよう。その子は日系二世としてブラジルやペルーなど南米国籍しか持たないが、成人前に日本に来て「国籍再取得」という手続きをとることができる。これは、日本人の子どもとして持ちえた国籍を取り戻すという意味で、通常の帰化手続と異なる。帰化なら五年必要な日本での居住実績も必要ない。

海外における日系二世も旧植民地出身者も、「過去の国民」である点に変わりはない。にもかかわらず旧植民地出身者だけが、戦前から戦後に至るまで日本に住み続けながら、急に外国人とされ参政権も失ってしまった。そこに至る行政手続はあまりに一方的であり、戦後七十年以上を経た今でも以前の権利は回復されていない。

3 日韓問題としての外国人参政権

「過去の国民」の権利としての参政権

在日コリアンには、民団と在日本朝鮮人総聯合会（総連）という二大民族団体がある。このうち総連が外国人参政権に反対する一方で、韓国系の民団は熱心に参政権を求めてきた。韓国からみれば、日本に住む韓国人が最大の課題として外国人参政権を掲げている以上、日本政府との外交交渉でも議題に上らせることになる。こうした経緯があるがゆえに、日本で外国人参政権は日韓関係の問題とされてきた。

外国人参政権を求める声が初めて出されたのは一九七〇年代になるが、それが多少ともまとまった動きとなるには八〇年代後半を待たねばならなかった。在日コリアン青年が日立製作所で就職差別された事件をきっかけに結成され、後の市民運動を主導した「民族差別と闘う連絡協議会（民闘連）」が活躍した時代でもある。その民闘連は、『在日韓国・朝鮮人の補償・人権法』という本を八九年に出しており、そこで在日コリアンの参政権を求めることが明記されている。

さらに、八〇年代にはまだ特別永住という在留資格がなく、在日韓国人三世の法的地位が確定していなかった。この問題に関する日韓両政府の協議が始まったのが八五年であり、そこでも外国人参政権が議題になった。九一年に両政府が発表した合意文書には、「地方自治体選挙権については、大韓民国政府より要望が表明された」という一文が加えられている。

在日コリアンは「過去の国民」であるが、日本国籍の回復ではなく、外国人のままで参政権を取り戻す戦略がとられたことになる。つまり、日本の外国人参政権をめぐる政治を動かしたのは、外国人を政治参加できない状態のまま放置するのはよくない、という民主主義の論理ではない。日本における外国人参政権は、「慰安婦」問題などと同様に、植民地支配が生み出した問題の一環として扱われてきたことになる。

その結果、参政権獲得運動を動かしたのは、「日韓」という回路を持つ民団の、目に見えにくいロビー活動だった。民団自体は小さな組織ではないし、政治家とのつながりもあるが、組織票を持つわけではなく法案を通すほどの実力はない。また、半ば公的な組織であることもあり、世論にアピールするような行動をとる習慣がそもそもない。そうした組織にとって、最善の戦略は韓国政府に働きかけて日韓の接触があるときに取り上げてもらうことである。韓国政府にとって、日本の外国人参政権は重要課題とはいえないだろうが、在外同胞組織にとっての最重要課題となった以上は日本政府への要望事項に盛り込まれる。

外国人参政権をめぐる三つのピーク

しかし、外国人参政権という問題を世に知らしめたのは、外交とは関係ない裁判闘争であり、訴えたのは在日コリアンではなく在日イギリス人だった。彼は参議院選挙で投票できなかったことを不服として、一九八九年に国家賠償を請求する訴訟を起こしている。これを契機として、在日コリアンによる裁判闘争も後を追った。

図3が示すように、九五年には外国人参政権が初めて新聞で大々的に取り上げられた。これは、外国人参政権を違憲でないとした最高裁判決を受けたもので、イギリス人が始めた訴訟が思わぬ成果を挙げたことになる。これ以降、政治家も外国人参政権を本気で考えるようになり、二〇〇〇年には公明・自由両党が法案提出、二〇一〇年には民主党政権が提出を検討したことで記事件数の三つの山が生まれている。

日韓関係が外国人参政権に最大の影響を持ったのは、金大中大統領による働きかけだった。民団によると、特に金大中が参政権に熱心に取り組んでいたとはいえないが、九八年の日韓首脳会談と国会演説で一定の時間をとって参政権に言及した。この来日に合わせて、当時の民主党と新党平和（現公明党）・改革クラブが参政権法案を提出しており、九九年三月の訪韓時に小渕恵三首相は前向きに検討することを約束している。二〇〇〇年の第二のピークは、連立政権の成立だけでなく戦後最良といわれた日韓関係によって作られた面も大きい。

「日韓」に関わるもう一つの回路は、日韓議員連盟を通じて関心ある議員に働きかけることである。

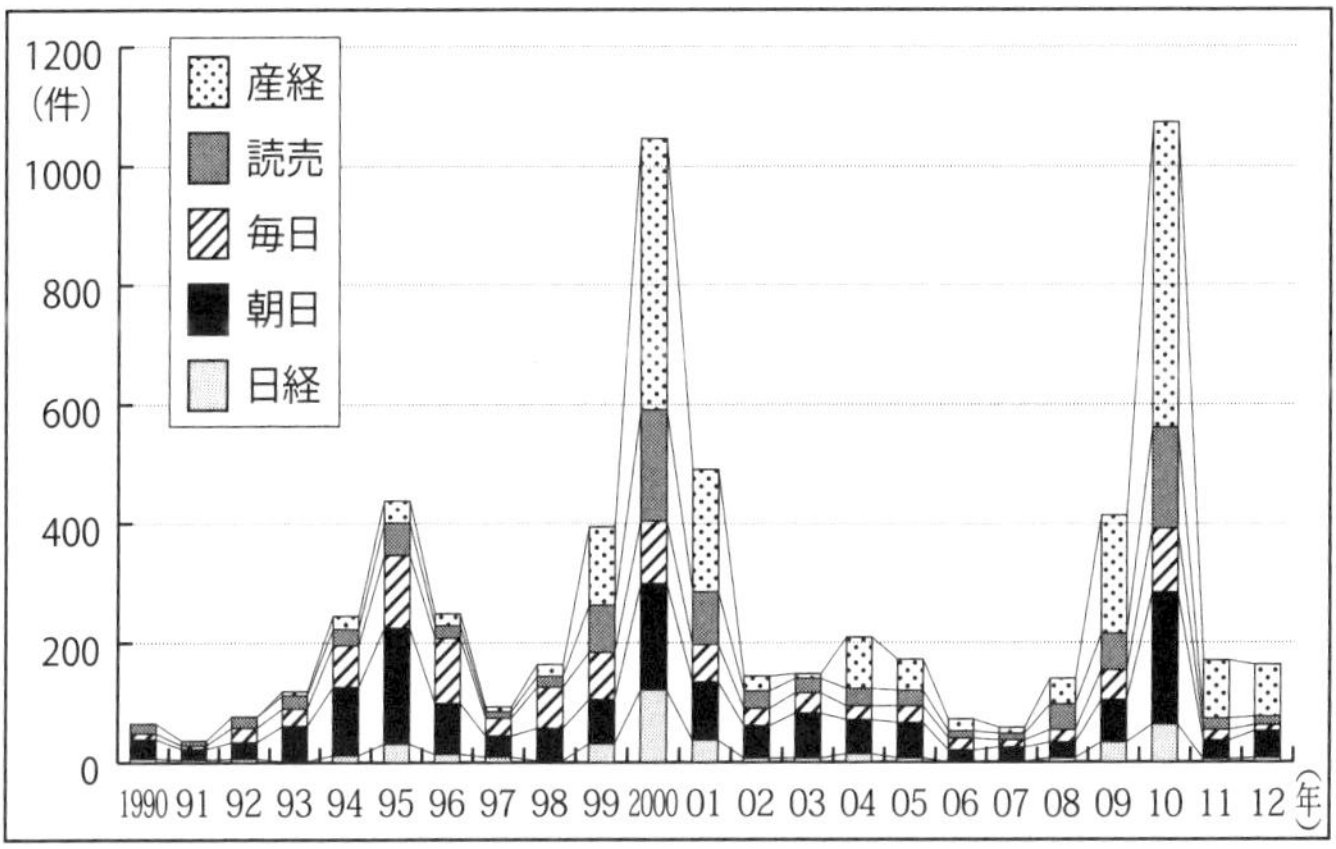

図3　外国人参政権をめぐる全国紙記事件数の推移
注）日経テレコンの記事検索で外国人＋参政権でヒットした件数を示す。

これは、間接的には韓国政府の要望に対応することでもあるが、日韓議連には在日コリアンの問題に関心がある議員も含まれている。実際、参政権の熱心な推進派となったのは、公明党の冬柴鐵三・元国土交通相や民主党の中野寛成といった古くから在日コリアン問題に関わる議員だった。

外国人参政権法制化を熱心に推進してきた冬柴は、在日韓国人が「地域に溶け込んだ」ことに言及するが、それは日韓という文脈——植民地支配の「重い歴史」や二国間関係の改善に還元される。その結果、外国人参政権の実現可能性は外交関係次第で変化するものともなった。金大中政権時代の一九九八年に日韓共同宣言が出されたような時ならばよいが、盧武鉉以降の政権で日韓関係がぎくしゃくすると日本国内での反対論が強まることとなる。

4 「将来の国民」の権利としての外国人参政権

「将来の国民」は参政権を欲するのか

日韓関係が前面に出るもう一つの副作用は、投票できず民主主義から排除される外国人という問題を覆い隠す点にある。在日コリアンは、歴史的経緯の問題を抜きにしても、七十年の長きにわたり代議制民主主義から排除されてきた。一九八〇年代後半から増加したニューカマー外国人も、三十年間にわたって民主主義から排除されてきた。現状が放置されれば、この期間はさらに長引くことになる。

外国人参政権は基本的に在日コリアンの問題と考えられてきたが、国際基準でいえばこれはニューカマーの問題でもある。ニューカマーは「過去の国民」ではないが、今後も日本に住み続ける「将来の国民」と考えられる（近藤、一九九六）。それは在日コリアンも同様で、日韓関係の影響が強かった外国人参政権を、「将来の国民」の問題としても捉え直す必要がある。

「将来の国民」の増加は、人口学的な現実でもある。二〇一四年末現在、特別永住者は約三十六万人で毎年減少しているのに対して、ニューカマーの一般永住者は六十八万人と二倍近くに上っており、この差は今後拡大する一方だろう。

では、在日外国人は参政権にどの程度の関心を持っているのだろうか。この点に関して、京都市と

自治体名		必要	どちらかといえば必要	不要	わからない・無回答
京都市	オールドカマー	79.5%	11.3%	3.9%	5.3%
	ニューカマー	46.7%	31.5%	12.2%	9.7%
豊中市	オールドカマー	73.6%		3.3%	23.1%
	ニューカマー	46.0%		16.2%	37.8%

表1　参政権に対するオールドカマーとニューカマーの考えの違い
注）豊中市の調査では、「どちらかといえば必要」という選択肢が存在しなかった。

大阪府豊中市は在日コリアン（オールドカマー）だけでなく、ニューカマーも含めた意向調査を実施している。やや古い調査だが、貴重なデータとして検討に値する。その結果を示した**表1**では、「必要」と答えるオールドカマーが七割台、ニューカマーが四割台であった。オールドカマーとニューカマーには、かなりの温度差があることがわかる。

しかしながら、「不要」と答える比率はオールドカマーが三％台なのに対して、ニューカマーでも一六％前後にとどまり、大きな差はない。差が出るのは、京都市ならばニューカマーで「どちらかといえば必要」の比率が高く、豊中市ならば「わからない・無回答」がニューカマーで多いことによる。つまり、明確に参政権があった方がいいと思う比率は、ニューカマーにおいては半数弱でしかない。一方で、弱いながらも参政権に好意的な反応を合わせれば、八割近くが賛意を示すことを京都市の調査結果は物語る。豊中市の場合も、「わからない」を含めれば京都市と同程度の値になると思われる。

ニューカマー外国人は、参政権の必要性を切実に感じているわけではない。しかし、それに対して無関心なわけではなく、権利が生ずれば積極的に投票に行く層が一定程度存在することを、この結果は示す。これこそが、ヨーロッパでの外国人参政権が狙っていた効果である。調査が実施されたのは九〇年代後半であるため、現在では「必要」と答える比率がさらに高まるだろう。その意味で、オールドカマーだけでなくニューカマーについても、「将来の国民」の権利として参政権を検討する機は熟している。

離島が乗っ取られる?

ヨーロッパの例をみると、外国人参政権は当事者による要求の結果というよりは、「移民の政治統合」の一環として政府の意向により実現する性格が強い。ほとんどの場合、世論の関心を集めることもなく、いつの間にか法制化されるような問題である。その意味で、外国人が要求するから参政権が実現してきたわけではない。外国人が投票に行くことで、市民としての帰属意識を高めてもらう効果を期待して、参政権が用意されるのである。

ところが、日本の外国人参政権をめぐる議論では、こうした参政権の効果が考慮されないばかりか、外国人を危険視して反対する声すら高まっている。こうした論によると、参政権を手にした外国人は、沖縄の与那国町や東京の青ケ島村といった人口過疎の離島に集団で移住し、意を汲んだ候補者を当選させてその地を乗っ取るという。実際には、選挙における一票の価値を考えれば、投票のために過疎地に移住することなどあり得ない。そこでどうやって生計を立てていけるのか、少し考えればわかるはずだ。

しかし、日本最強の政党の有力政治家が国会でこうした空理空論を堂々と披露し、日本最大の発行部数を誇る新聞が社説でそれを書きたてるのが、今の日本の現実である。

国会でも自民党の小池百合子・元防衛相が、台湾有事における離島防衛の観点から、陸上自衛隊招致に熱心な与那国島（沖縄県）を例にとり、永住中国人による「集団移住」の可能性に言及した。与那国島は、直近の町議選の当選ラインが一三九票だ。特定の政治勢力が町議会を通じて陸自配備への反対運動を盛り上げようと、永住中国人を大量に集団移住させれば、反対派の町議を簡単に当選させることができる。（『読売新聞』二〇一〇年二月一日付社説）

一九九五年の最高裁判決は、外国人参政権が違憲でないとしつつ、「立法政策に関わる事柄」として政治の側に判断を委ねた。戦後五十年のことである。それを受けて、九〇年代後半から外国人参政権法案が提出されてきた。しかし、最高裁からの問題提起を受けて二十年以上が経過した今もなお、「将来の国民」は政治から排除され続けたまま放置されている。それどころか、日本乗っ取りをたくらむエイリアンであるという濡れ衣すら着せられるようになってしまった。

5　国籍原理の見直しという選択肢

タブー視をこえて

このように、外国人参政権をめぐる現状は八方ふさがりであるようにみえる。だが、そうした状況だからこそ、外国人参政権に関する議論を「正常化」する必要があるし、またできるのではないか。一世紀以上の居住歴にもかかわらず政治参加から排除されてきたことが、在日コリアンの抱える問題となる。ニューカマーの場合、そもそも政治的権利が必要という認識がほとんど持たれないまま、第二世代も成人を迎えている。まず、これが「先進国」を自称する国家として「異常」であり、何らかの現状変更が必須という地点に立たねばならない。

そこで外国人参政権と並ぶ選択肢になるのが、日本国籍の取得である。誤解を恐れずにいうならば、在日コリアンにとって国籍取得は微妙な問題であり、公に議論することがタブー視されてきた。民団自体は、両親の片方が日本人である人たちや帰化者にも、つまり日本国籍を持つ者にも団員資格を認めるようになるなど、時代に即して一定の変化を遂げてきた。

しかし、現実はそれを上回る速度で変化しており、今や在日コリアンの約九割が日本人と結婚している。在日コリアンと日本人のカップルの子どもは日本国籍になるから、一世代たてば外国籍の在日コリアンは激減するだろう。その意味で、外国人として参政権を求める民団の現在の要求は、時間がたつほど少数の人の問題となっていく。

外国人参政権の問題が提起された一九九〇年前後には、外国籍の在日コリアンは六十万人弱存在した。それから四半世紀を経過して、その数は半分近くまで減っている。さらに四半世紀が経過すれば、十万人を下回ることは確実な情勢となっている。意地悪にいえば、自民党は反対姿勢を示して時間を稼ぎつつ、問題を自然に「解決」しようとしているようにもみえなくはない。参政権を求める声を上げられなくなる程度まで、特別永住者が減るのを待てばよい、といった風に。

しかし、こうした問題の自然消滅を狙った姿勢は、二つの点で新たな問題を生み出すことになる。

第一に、日本政府は在日コリアンに正面から向き合い、植民地支配の歴史を清算することを避けてきた。在日コリアンが帰化をタブー視してきたのは、なし崩し的に自らの存在を消されてしまうことへの抵抗に他ならない。日本人との結婚による「人口学的解決」は、日本政府が避けてきた歴史的責任をうやむやにし、わだかまりを残すことになるだろう。

第二に、帰化しなければ選挙から排除され続ける状況を作ったのは、日本の選挙制度だけでなく国籍法でもある。日本の国籍法は、血統主義と呼ばれる原理を採用しており、外国人の子どもは日本で生まれても外国籍のままである。外国人参政権を認めず、国籍法も現状維持ということになれば、今後も投票に行けない外国人の問題が再生産され続けることになるだろう。

その意味で、外国人参政権を求める問題提起を受けて、解決を妨げる要因の一つである日本の国籍法も見直す機会とすべきではないか。ニューカマーの永住者が今後ますます増加するなかで、在日コリアンを排除してきた過去を繰り返すと、また同じ問題を生み出すことになってしまう。

「コリア系日本人」の認知

逆説的な言い方になるが、特別永住者が減少し続ける現状は、国籍取得というもう一つの解決策を構想しやすくしている。国籍取得は、確かにこれまで日本の同化主義を追認する側面があったが、本来的には外国人参政権より根本的な政策原理の変化が必要になる。参政権は、日本国民と外国人の区別を前提としたうえで、政治的権利だけを認める点で実は大きな変更とはいえない。国籍原理の見直しは、参政権と比べて以下の二つの点で日本の国民や国家のあり方を大きく変える必要があるからである。

第一に、現行の申請帰化に対して抵抗を持つ人が多いのは、帰化が同化＝民族性の消去に結び付く現体制のあり方が大きく影響している。端的にいえば、コリア系日本人など民族的な出自を表に出した集団は、公式にも非公式にも認知されてこなかった。国籍取得を進めるのであれば、こうした過去との決別が必要になる。これまでは、日本人＝日本民族、外国人＝独自性を持った集団としか考えられてこなかったが、それでは外国にルーツを持つ日本国籍者が排除されてしまう。「コリア系」「中国系」「フィリピン系」など日本人内部の民族的多様性を認めることが必要で、それにより「日本人」そのものの捉え方も大きく変えねばならない。

第二に、国籍法も血統主義を見直して出生地主義の要素を取り入れることが不可欠となる。これについては、ドイツの経験が参考になる。ドイツは、戦争責任に関しては日本のモデルとされることが多い国だが、移民政策に関しては必ずしも評判がよくなかった。難民に対しては門戸を開いていた国といえるが、それは政治的迫害にあった人を受け入れることでナチスの過去を埋め合わせる性格が強いからである。

戦後の経済成長により、ドイツはトルコやユーゴスラビアなどから外国人労働者を受け入れたが、不況になると他の国より露骨な帰国奨励策をとっている。それでも定住した移民は、他の移民受け入れ国と比べて子どもの教育も振るわず、外国人参政権も認められず、全体に閉鎖的な社会と思われてきた。そのドイツが、一九九九年には国籍法を改正したのである（佐藤、二〇〇九）。それまでは、日本と同様にドイツ人の子どもでなければドイツ国籍がなかったのが、出生地主義の導入により移民二世がドイツ国籍を持つようになる。

外国籍のまま何世代も続く集団を内部に抱えるよりも、ドイツのフルメンバーになってもらった方がよい。そうでないと、移民やその子孫はいつまでもドイツ社会の周縁部から逃れられない。これは、理想主義というよりもリアルな現実認識のあらわれであり、そのために国籍法の改正が必要だったのである。

複数国籍の導入

もう一つの解決策は、複数国籍の導入である。出生地主義にもとづく国籍法は、移民二世を念頭においたもので、一世には直接関係ない。複数国籍とは、一世を含む外国人が元の国籍を持ったまま、日本国籍をとれるようにすることを指す。これは、帰化に対する抵抗をなくすための現実的な解決策であり、世界的にみても複数国籍を認める国が増加している。これは、移民の数が世界的に増えたことに加えて、通信・交通手段の発達により出身国との絆を保ち続けるようになった変化を反映している。

今の日本は、公式には複数国籍を認めていない。親のどちらかが日本人でどちらかが外国人の子どもには、二十一歳の時点でいずれかの国籍を選ばせている。あるいは、在日コリアンが日本国籍を取得した時には、韓国ないし朝鮮籍を放棄しなければならない。日本の現状からすると、複数国籍は考えにくいようにも思われる。

しかし、実際には日本国籍を持ちつつ他の国籍を持つ人は、万単位で存在する。法務省が公式には認めないだけのことだ。複数国籍を持つ人の典型はペルーのアルベルト・フジモリ元大統領で、ペルーと日本の両方の国籍を持っていた。すでにふれた国籍回復する日系人も、もともとの国籍を放棄することはほとんどなく、複数の国籍保持者となっている。日本から出る時には日本のパスポートを、ペルーではペルーのパスポートを使って出入りすれば、行き来がスムーズにできるようになるからである。

今の日本ならば、複数国籍などけしからん、一つの国家への帰属が絶対だ、と肩をいからせる向きが多いかもしれない。しかし、複数国籍が示すのは、国境をまたいだ移民の生活実態に法律を合わせるべきという世界的な要請である。歴史を繙けば、移民の増加によって国籍に対する考え方は大きく変化してきた。福祉国家の発達により、社会保障を受ける資格として国籍が重視されるようになったが、国際人権規約などにより社会保障についても内外人平等が進み国籍の意味が薄れている。

そうであるならば、国籍を相対化して捉え、複数持つことがあってもよいと発想を転換することも不可能ではない。やや乱暴な言い方をすれば、日本人も在日コリアンも単一の国籍に対して過度にこだわりを持ってきた。これは、「コリア系日本人」を認めない日本政府に対して、国籍が在日コリアンの民族的独自性の象徴になってきた経緯によるところが大きい。その点で、親の国籍を捨てたくないというこだわりは尊重する必要がある。他方で、日本で一生を過ごす実態との両立をはかるためにも、単一の国籍に対するこだわりを見直す必要があるのではないだろうか。

6　外国人参政権の過去と未来

逆風の中で将来を構想する

筆者は、一九九〇年代に大学院生として在日外国人の研究を始めるようになった。この時期に外国人政策に関して生じた変化は、参政権だけに留まらない。いくつかの都道府県や政令指定都市の職員採用で国籍条項が撤廃され、各地で外国人会議も設置されていった時代である。「地域の国際化」「多文化共生」といった理念が掲げられ、外国人参政権はその一環として位置づけられていた。外国人の権利は、時を追って拡大していくのであり、自分はその現場にいるのだとナイーブに実感していた時代でもある。

それから今世紀に入り、そうした動きは止まってしまった。東京都の外国人会議などは、石原都政になって廃止されるなど逆風が吹くようになった。現在では、震災復興やオリンピックで必要な建設労働者、高齢化で必要な介護労働者が、海外から新たに呼び寄せられている。しかし、これとて正式な労働者として働いてもらうのではなく、国際的に評判の悪い技能実習制度を使って安く使い捨てようという姿勢を改めない。日本は、移民・外国人に関して過去の経験から何ら学習することもなく、移民政策は今世紀に入って停滞状況が続いている。

外国人参政権も、今でこそ猛烈な反対論の嵐が吹き荒れているが、最高裁判決の時点ではもっと冷静な議論がなされていた。二〇一〇年には前述のような社説を書いた読売新聞も、最高裁判決に対する社説（一九九五年三月二日付）では「定住外国人にも地方選挙への参加の道を開く、画期的な判断」としている。

日本政府も本来は、外国人参政権という問題提起があったことを、現状を変える好機と受け止めるべきだった。在日コリアンが戦後になって参政権と国籍を剝奪されたこと、日本で生まれ育っても選挙に行けない人が何十万人もいることを解決する機会でもあったのだから。それができなかった結果、三十六万人の特別永住者だけでなく六十八万人の一般永住者も政治から排除するようになってしまった。

こうした現実を反映して、政府も民間シンクタンクも研究者も自治体も、移民・外国人政策に関して前向きな提案ができなくなってしまった。本書で在日コリアンに関する三つの章の一つとして外国人参政権と国籍を選んだのは、そんな状況に対して過去と将来を結ぶような、現状を打開する構想が必要だと考えたことによる。外国人参政権に向けた動きは、ほぼ完全に止まってしまった。しかしだからこそ、特別永住者の減少や一般永住者の増加という変化に合わせた思考が可能になる。

そこで外国人参政権に加えて新たに持ち出したのは、日本の国籍法を出生地主義に変えること、複数国籍を認めることである。両方とも、すでに多くの国が導入していることから、世界的にみれば標準的な政策といってもよい。国籍法の変更は、外国人の政治参加に留まらず、「日本人」「日本国民」といった概念を大きく変えるものでもある。それに比べると、外国人参政権は地方選挙に留まるし国民概念自体を揺るがすものでもないから、むしろ微温的な政策とすらいいうる。

今必要なのは、こうした形で外国人参政権を位置づけ直すことである。実現可能性が遠のいた今だからこそ、将来を見越して「国民」「外国人」という考え方自体を再考するような試みが、必要かつ可能なのではないか。外国人参政権も、そうした「大胆な構想のささやかな一歩」として位置づけられるべきであり、それによって過去の清算と将来の展望が実現に近づくのではないだろうか。

世論の良識を引っ張る構想を

最後に、これまでの悲観的な現状分析とは異なる現実をみることで、この本を終えることとしたい。外国人参政権は、民主党政権下で与野党対立の道具として使われるようになり、自民党や右派団体がその「危険性」を大々的に喧伝するに至った。図3（225ページ）で二〇一〇年に第三のピークが来ており、記事件数で産経新聞が約半数を占めているのは、右派による一大キャンペーンの結果である。

だが、政治や一部の団体による熱心な反対論とは異なり、世論は全体として冷静な判断力を持っている。論より証拠、筆者らが二〇〇七年に東京都で四千八百人の有権者を対象として行った調査結果をみていこう（回収率三四・七%）。東京に限定された少し古いデータだが、他の地域で行った調査結果とほとんど違いがなく、今と比較してもほとんど変化がないと思われるため、紹介する価値はある。

図4は、各種の争点に対する回答者の意見分布を示している。これをみると、外国人参政権に対して六割が賛成しており、反対は二割に満たないが、回答者が特にリベラル層に偏っているわけではない。国旗国歌の教育や戦後教育の見直しのような、ナショナリズムに関わる争点に対する賛成は六割前後に達しており、憲法改正にも過半数が賛意を示している。その意味で、正規の手続きを踏んで行った世論調査として、有権者全体の意見を反映したものと考えられる。

ここで注目したいのは、リベラルな価値判断に関わる他の争点との差である。回答者の中で外国人

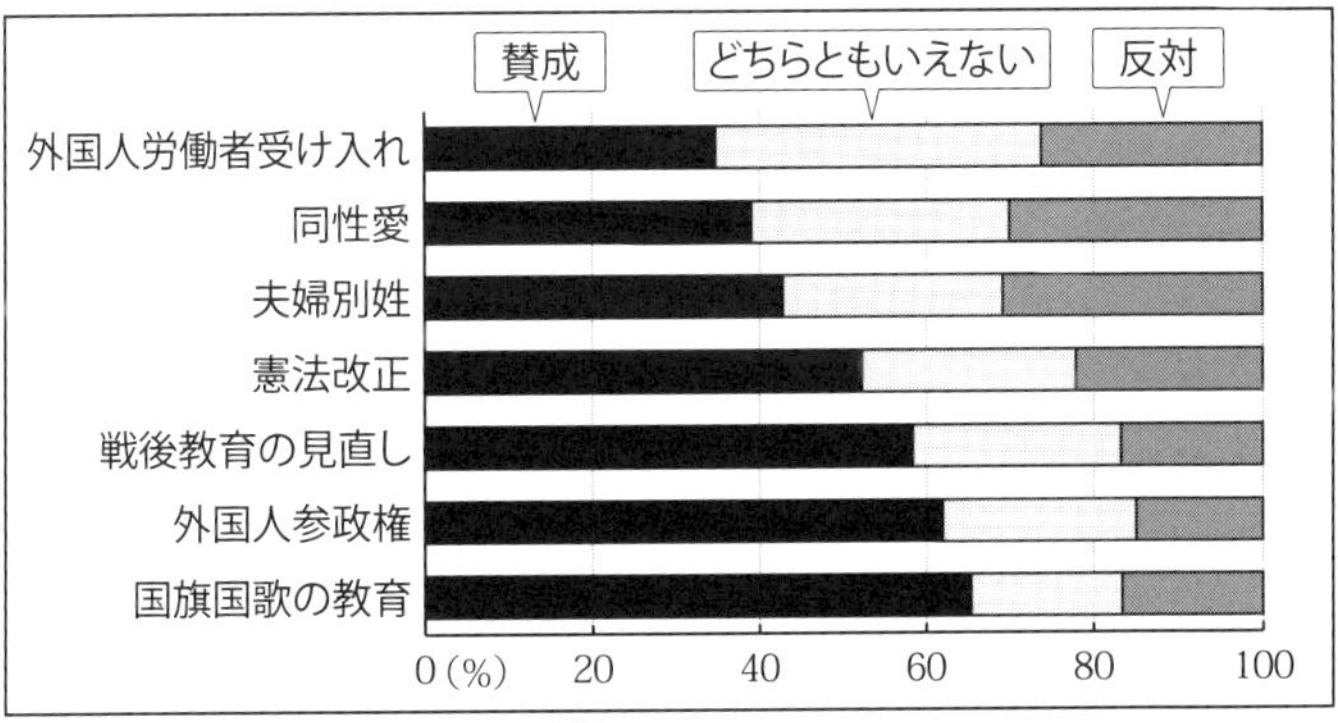

図4　世論調査にみる外国人参政権

労働者の受け入れに賛成するのは三分の一にすぎず、これは同性愛や夫婦別姓に対する受容度とあまり変わらない。外国人参政権は、これらと比べて二〇ポイント程度賛成が多く、世論というレベルでいえば完全に決着がついている。

　外国人労働者受け入れに対して「どちらともいえない」という意見が多いのは、人手不足だから仕方ないことと認識しつつも、感情的には抵抗がある状況を反映している。同性愛や夫婦別姓については、賛成が反対を上回るのが一〇ポイント程度にとどまっており、まだ世論が割れていることがわかる。しかし、外国人参政権について賛成と反対の差は四〇ポイント近くに達している。「新規の移民流入には抵抗があるが、日本に定着した外国人の権利は認めるべき」というのが、世論の多数派の認識だといえるだろう。

　こうしてみると、非現実的な根拠にもとづいて外国人参政権に反対する政治家より、一般の有権者の方がよほどリアルな現実認識を持っている。第7章でもみたように、今世紀に入ってからの日本は、一部の極端な意見の持ち主の大きな声に振り回されてきた。外国人参政権はその典型であり、強硬な反対論によっていたずらに時間だけが失われてきた。いい加減に時間の空費をやめて、過去の清算と将来に向けた構想の第一歩として、外国人参政権と国籍の問題に取り組むべきではないだろうか。

参考文献

Ⅰ

【第1章】
大西裕『先進国・韓国の憂鬱――少子高齢化、経済格差、グローバル化』中公新書、二〇一四年
小倉紀蔵『心で知る、韓国』岩波現代文庫、二〇一二年
小倉紀蔵編著『現代韓国を学ぶ』有斐閣、二〇一二年
春木育美・薛東勲編著『韓国の少子高齢化と格差社会――日韓比較の視座から』慶應義塾大学出版会、二〇一一年

【第2章】
小倉紀蔵『韓国は一個の哲学である』講談社学術文庫、二〇一一年
姜在彦『朝鮮儒教の二千年』講談社学術文庫、二〇一二年
木宮正史『韓国――民主化と経済発展のダイナミズム』ちくま新書、二〇〇三年
木宮正史『国際政治のなかの韓国現代史』山川出版社、二〇一二年
木村幹『韓国現代史――大統領たちの栄光と蹉跌』中公新書、二〇〇八年
田中明『韓国の民族意識と伝統』岩波現代文庫、二〇〇三年

【第3章】
安倍誠・金都亨編『日韓関係史　1965―2015　Ⅱ　経済』東京大学出版会、二〇一五年
磯崎典世・李鍾久編『日韓関係史　1965―2015　Ⅲ　社会・文化』東京大学出版会、二〇一五年

大沼保昭『「歴史認識」とは何か――対立の構図を超えて』中公新書、二〇一五年
小倉紀蔵『歴史認識を乗り越える』講談社現代新書、二〇〇五年
小倉紀蔵『ハイブリッド化する日韓』NTT出版、二〇一〇年
小倉紀蔵・小針進編著『日韓関係の争点』藤原書店、二〇一四年
木宮正史・李元徳編『日韓関係史 1965-2015 Ⅰ 政治』東京大学出版会、二〇一五年
木村幹『日韓歴史認識問題とは何か』ミネルヴァ書房、二〇一四年

Ⅱ

【第4章】

磯崎典世・大西裕「韓国における党支部廃止の政治過程――非党派性の制度化と選挙管理委員会」『年報政治学二〇一一-Ⅱ 政権交代期の「選挙区政治」』二〇一一年
大西裕「韓国におけるイデオロギー政治の復活」『国際問題』五三五号、二〇〇四年b
大西裕「韓国の場合――地域主義とそのゆくえ」（梅津實・森脇俊雅・坪郷實・後房雄・大西裕・山田真裕『新版 比較・選挙政治――21世紀初頭における先進6カ国の選挙』ミネルヴァ書房）、二〇〇四年a
大西裕「韓国における市場志向的政党組織改革のゆくえ」（建林正彦編『政党組織の政治学』東洋経済新報社）、二〇一三年
大西裕『先進国・韓国の憂鬱――少子高齢化、経済格差、グローバル化』中公新書、二〇一四年
川人貞史・吉野孝・平野浩・加藤淳子『新版 現代の政党と選挙』有斐閣、二〇一一年
Katz, Richard S. and Peter Mair, The Evolution of Party Organizations in Europe: The Three Faces of Party Organization, *The American Review of Politics*, 14, 1993

【第5章】

浅羽祐樹・大西裕・春木育美「韓国における選挙サイクル不一致の政党政治への影響」『レヴァイアサン』四七号、二〇一〇年
大西裕「韓国の場合」（梅津・森脇・坪郷・後・大西・山田『新版　比較・選挙政治』ミネルヴァ書房）、二〇〇四年
大西裕「『強い大統領』という韓国政治の幻想――国務総理任命と大統領秘書室」（伊藤光利編『政治的エグゼクティヴの比較研究』早稲田大学出版部）、二〇〇八年
砂田一郎『アメリカ大統領の権力――変質するリーダーシップ』中公新書、二〇〇四年
建林正彦・曽我謙悟・待鳥聡史『比較政治制度論』有斐閣、二〇〇八年
Barber, James D., Comment: Qualls's Nonsensical Analysis of Nonexistent Works, *The American Political Science Review*, 71(1), 1977
Barber, James D., *The Presidential Character: Predicting Performance in the White House, 4th ed.*, Englewood Cliffs, 1992
Cheibub, José Antonio, *Presidentialism, Parliamentarism, and Democracy*, Cambridge University Press, 2006
Cutler, Lloyd N., Some Reflections about Divided Government, *Presidential Studies Quarterly*, 18(3), 1988
Hahm Sung Deuk, Mark S. Kamlet and David C. Mowery, Influences on Deficit Spending in Industrialized Democracies, *Journal of Public Policy*, 15(2), 1995
Kiewiet, D. Roderick and Mathew D. McCubbins, *The Logic of Delegation: Congressional Parties and the Appropriations Process*, University of Chicago Press, 1991
Linz, Juan J., The Perils of Presidentialism, *Journal of Democracy*, 1(1), 1990
Mainwaring, Scott, Presidentialism, Multipartism, and Democracy: The Difficult Combination, *Comparative Political Studies*, 26(2), 1993
Neustadt, Richard E., *Presidential Power and the Modern Presidents: The Politics of Leadership from Roosevelt to Reagan*,

Free Press, 1990
Shugart, Matthew S. and Stephan Haggard, Institutions and Public Policy in Presidential Systems, in Stephan Haggard and Mathew D. McCubbins eds., *Presidents, Parliaments, and Policy*, Cambridge University Press, 2001
Sundquist, James L., *Constitutional Reform and Effective Government*, Brookings Institution, 1986
Valenzuela, Arturo, Party Politics and the Crisis of Presidentialism in Chile: A Proposal for a Parliamentary Form of Government, in Juan J. Linz and Arturo Valenzuela eds., *The Failure of Presidential Democracy*, Johns Hopkins University Press, 1994

【第6章】

磯崎典世「体制変動と市民社会のネットワーク」（辻中豊・廉載鎬編『現代韓国の市民社会・利益団体——日韓比較による体制移行の研究』）、二〇〇四年
大西裕「市民なき市民社会からの脱却——韓国の市民社会の変容」『年報政治学二〇一二-Ⅱ　現代日本の団体政治』二〇一二年
大西裕「韓国の場合」（梅津・森脇・坪郷・後・大西・山田『新版　比較・選挙政治』ミネルヴァ書房）、二〇〇四年
大西裕「韓国の民主化——条件付きの安定的穏健保守体制」（恒川惠市編『民主主義アイデンティティ——新興デモクラシーの形成』早稲田大学出版部）、二〇〇六年
大西裕「韓国——場外政治の主役としての市民社会」（坪郷實編『比較・政治参加』ミネルヴァ書房）、二〇〇九年
坂本治也「市民社会組織のもう一つの顔——ソーシャル・キャピタル論からの分析」（辻中豊・森裕城編『現代社会集団の政治機能——利益団体と市民社会』木鐸社）、二〇一〇年
清水敏行「韓国の政治と市民運動」（小此木政夫編『韓国における市民意識の動態』慶應義塾大学出版会）、二〇〇五年
趙大燁「市民運動と市民団体の理念・組織・行為様式——主要な市民運動団体の現状と課題」（辻中・廉編『現代韓国の市

民社会・利益団体』）、二〇〇四年
辻中豊・李政熙・廉載鎬「日韓利益団体の比較分析——1987年民主化以後の韓国団体状況と政治体制」『レヴァイアサン』二三号、一九九八年
辻中豊・崔宰栄・久保慶明「日本の団体分布とリソース——国家間比較と国内地域間比較から」（辻中・森編『現代社会集団の政治機能』）、二〇一〇年
辻中豊・廉載鎬編『現代韓国の市民社会・利益団体——日韓比較による体制移行の研究』木鐸社、二〇〇四年
山本英弘「利益団体のロビイング——3つのルートと政治的機会構造」（辻中・森編『現代社会集団の政治機能』）、二〇一〇年
Putnam, Robert D., *Bowling Alone: The Collapse and Revival of American Community*, Simon & Schuster, 2000
Salamon, Lester M., The Rise of the Nonprofit Sector, *Foreign Affairs*, 73(4), 1994
Salamon, Lester M. and Helmut K. Anheier, *Defining the Nonprofit Sector: A Cross-National Analysis*, Manchester University Press, 1997
Walker, Jack L., The Origins and Maintenance of Interest Groups in America, *The American Political Science Review*, 77(2), 1983
（以下、韓国語＝大西訳）
ジュ・ソンス「韓国市民社会の発展と中央NGOに参加する知識人の役割分析」（ジュ・ソンス編『韓国市民社会と知識人』アルケ）、二〇〇二年
ジョン・ジェホ「韓国民主主義と91年5月闘争の意味」（ジョン・ジェホ、キム・ウォン、キム・ジョンハン『91年5月闘争と韓国の民主主義』民主化運動記念事業会）、二〇〇四年
チェ・ナッカン『市民団体の政治参与と改革：その論理と限界』自由企業院、二〇〇四年
任赫伯『市場・国家・民主主義——韓国民主化と政治経済理論』ナナム出版、一九九四年

尹相喆『1980年代韓国の民主化移行過程』ソウル大学出版部、一九九七年

III

【第7章】

キャロル・グラック、梅崎透訳『歴史で考える』岩波書店、二〇〇七年
上丸洋一『「諸君!」「正論」の研究――保守言論はどう変容してきたか』岩波書店、二〇一一年
中村一成『ルポ　京都朝鮮学校襲撃事件――〈ヘイトクライム〉に抗して』岩波書店、二〇一四年
野間易通『「在日特権」の虚構――ネット空間が生み出したヘイト・スピーチ』河出書房新社、二〇一三年
樋口直人『日本型排外主義――在特会・外国人参政権・東アジア地政学』名古屋大学出版会、二〇一四年
師岡康子『ヘイト・スピーチとは何か』岩波新書、二〇一三年
安田浩一『ネットと愛国――在特会の「闇」を追いかけて』講談社、二〇一二年
Koopmans, Ruud and Jasper Muis, The Rise of Right-Wing Populist Pim Fortuyn in the Netherlands: A Discursive Opportunity Approach, *European Journal of Political Research*, 48(5), 2009
Koopmans, Ruud and Susan Olzak, Discursive Opportunities and the Evolution of Right-Wing Violence in Germany, *American Journal of Sociology*, 110(1), 2004

【第8章】

大曲由起子・髙谷幸・鍛治致・稲葉奈々子・樋口直人「在日外国人の仕事――2000年国勢調査の分析から」『茨城大学地域総合研究所年報』四四号、二〇一一年
金明秀・稲月正「在日韓国人の社会移動」（高坂健次編『階層社会から新しい市民社会へ』東京大学出版会）、二〇〇〇年
外村大『在日朝鮮人社会の歴史学的研究』緑蔭書房、二〇〇四年

永野慎一郎編『韓国の経済発展と在日韓国企業人の役割』岩波書店、二〇一〇年
韓載香『「在日企業」の産業経済史』名古屋大学出版会、二〇一〇年
樋口直人編『日本のエスニック・ビジネス』世界思想社、二〇一二年
福岡安則・金明秀『在日韓国人青年の生活と意識』東京大学出版会、一九九七年
藤原書店編集部編『歴史のなかの「在日」』藤原書店、二〇〇五年

【第9章】

大沼保昭「在日朝鮮人の法的地位に関する一考察（4）」『法学協会雑誌』九七巻二号、一九八〇年
河原祐馬・植村和秀編『外国人参政権問題の国際比較』昭和堂、二〇〇六年
京都市『京都市在住外国人意識・実態調査報告書』一九九七年
近藤敦『「外国人」の参政権』明石書店、一九九六年
佐藤成基「『血統共同体』からの決別——ドイツの国籍法改正と政治的公共圏」『社会志林』五五巻四号、二〇〇九年
豊中市『豊中市外国人市民アンケート調査結果報告書』一九九九年
トーマス・ハンマー『永住市民と国民国家』明石書店、一九九九年
樋口直人「東アジア地政学と外国人参政権——日本版デニズンシップをめぐるアポリア」『社会志林』五七巻四号、二〇一一年
樋口直人「日本の移民政策と反知性主義——市民権の廃墟からの出発にむけて」『現代思想』四三巻三号、二〇一五年
Layton-Henry, Zig ed., *The Political Rights of Migrant Workers in Western Europe*, Sage, 1990
Sejersen, Tanja Brøndsted, 'I Vow to Thee My Countries': The Expansion of Dual Citizenship in the 21st Century, *International Migration Review*, 42(3), 2008

［著者］

小倉紀蔵（おぐら・きぞう）

京都大学大学院人間・環境学研究科教授。1959年、東京都生まれ。東京大学文学部ドイツ文学科卒業。ソウル大学校哲学科大学院東洋哲学専攻博士課程単位取得。専門は東アジア哲学。韓国文化社会にも詳しい。著書に『新しい論語』『入門　朱子学と陽明学』『心で知る、韓国』『韓国は一個の哲学である』など。

大西　裕（おおにし・ゆたか）

神戸大学大学院法学研究科教授。1965年、兵庫県生まれ。京都大学法学部卒業。京都大学大学院後期博士課程退学。97〜98年、高麗大学留学。大阪市立大学法学部助手、同助教授などを経て現職。専攻は行政学、比較政治学。著書に『先進国・韓国の憂鬱』『韓国経済の政治分析』、編著に『選挙管理の政治学』など。

樋口直人（ひぐち・なおと）

徳島大学総合科学部准教授。1969年、神奈川県生まれ。一橋大学大学院社会学研究科博士課程中退。専攻は移民研究、社会運動論、政治社会学。著書に『日本型排外主義』『在特会と日本の極右』、編著に『日本のエスニック・ビジネス』、共著に『国境を越える』『顔の見えない定住化』、共編著に『社会運動の社会学』など。

朝日選書 947

嫌韓問題の解き方

ステレオタイプを排して韓国を考える

2016年 6 月25日　第 1 刷発行

著者　小倉紀蔵／大西 裕／樋口直人

発行者　首藤由之

発行所　朝日新聞出版
〒104-8011 東京都中央区築地5-3-2
電話 03-5541-8832（編集）
03-5540-7793（販売）

印刷所　大日本印刷株式会社

Published in Japan by Asahi Shimbun Publications Inc.
ISBN978-4-02-263047-6
定価はカバーに表示してあります。

落丁・乱丁の場合は弊社業務部（電話03-5540-7800）へご連絡ください。
送料弊社負担にてお取り替えいたします。

光る生物の話
下村　脩
発光生物の華麗な世界を、ノーベル化学賞受賞者が解説

病から詩がうまれる
看取り医がみた幸せと悲哀
大井　玄
終末期の苦しみに寄り添い、詩歌が癒やす心をみつめる

平安人の心で「源氏物語」を読む
山本淳子
平安ウワサ社会を知れば、物語がとびきり面白くなる！

東大で文学を学ぶ
ドストエフスキーから谷崎潤一郎へ
辻原　登
東大生に人気の授業が本に。学生の課題リポートも収録

asahi sensho

官房長官　側近の政治学
星　浩
仕事範囲、歴代のタイプ・手法を分析し、政治構造を解剖

溺れるものと救われるもの
プリーモ・レーヴィ著／竹山博英訳
生還後の40年間、考え抜いて綴った自らの体験

マラソンと日本人
武田　薫
金栗四三、円谷幸吉、瀬古利彦……何を背負って走ったか

マヤ・アンデス・琉球
環境考古学で読み解く「敗者の文明」
青山和夫／米延仁志／坂井正人／高宮広土
環境変動をいかに乗り越え、自然と共生したか

ルポ 生殖ビジネス
世界で「出産」はどう商品化されているか
日比野由利
代理母先進地でインタビューして描いた現代出産事情

中国グローバル化の深層
「未完の大国」が世界を変える
デイビッド・シャンボー著／加藤祐子訳
外交、経済、軍事、文化、安全保障……と多角的に検証

古代文明アンデスと西アジア 神殿と権力の生成
関 雄二編
権力はどう誕生したか。経済中心の史観を問い直す

戦火のサラエボ100年史
「民族浄化」もう一つの真実
梅原季哉
聞きとりで迫るユーゴ紛争の裏側。歴史の相克を描く

asahi sensho

鉄道への夢が日本人を作った
資本主義・民主主義・ナショナリズム
帳彧暋著／山岡由美訳
なぜ「鉄道は役に立つ」と無条件に信じられたのか

幼さという戦略
「かわいい」と成熟の物語作法
阿部公彦
権力に抗する「力の足りなさ」「弱さ」に注目する気鋭の文芸評論

超高齢社会の法律、何が問題なのか
樋口範雄
高齢者法の第一人者が、東大での講義を元に問題点を考える

海洋大異変
日本の魚食文化に迫る危機
山本智之
サケ、マグロ、アサリ、ウニなどに迫る新たな危機とは

（以下続刊）